U0028006

suncolor

suncolor

社交焦慮

與朋友相處不心累的46個自在練習

日本最會和年輕人對話的心理學博士
榎本博明 著

李彥樺 譯

suncolor 三采文化

目錄

第2章 被討厭的恐懼

第3章 什麼是「社交焦慮」？

第4章 「他人目光」代表的意義

第5章 活用他人目光、緩解社交焦慮的方法

前言

與社交焦慮和平共處

跟朋友相處明明很開心，卻總是覺得有些拘謹；跟大家聊天明明很愉快，獨自一人時卻感到鬆了口氣。每當這種時候，就會覺得跟朋友相處是一件很累人的事。與朋友聊天時，腦袋裡一直想著「不能失言傷人」、「要炒熱氣氛」或是「不能說出讓場面尷尬的話」。一旦發現朋友的反應有些異樣，立刻就會擔心「我是不是得罪他了」或是「他是不是覺得跟我在一起很無聊」。心裡一直惴惴不安，不敢率直表達自己的心情。

明明想著「今天有點累，想早點回家」，但和朋友們聊開了，就不好意思一個人離開，只好陪著大家玩到最後。一踏進家門，頓時有種精疲力竭的感覺。

害怕遭到排擠，擔心遭到討厭，對朋友也不敢說出真心話。無法不在意周遭的目光，沒辦法隨心所欲地表現自己。以上這些心情，相信能讓許多人感同身受。

我在大學教授心理學的課程，每當提到「社交焦慮」這個主題時，就連平時不愛聽課的學生也會聽得入神。課程最後十分鐘的隨堂報告，平常只會寫兩、三行的學生，也針對「社交焦慮」這個主題寫了二十多行。「簡直像在說我一樣！」「原來其他人也會這樣，讓我安心不少！」許多學生對這個主題很有共鳴，寫下了類似這樣的心聲。

這證明每個人在與朋友相處這件事上，心頭都有著一些疙瘩。很可能心中抱持著社交焦慮的問題，只是從來不曾清楚地自我意識到。

本書的目的就是具體剖析社交焦慮的心理機制，同時思考如何善用此特質及緩解心中的不安。你是否也覺得與朋友相處雖然愉快，卻很容易覺得累？我希望你在閱讀本書的各個章節時，能夠同時回想一下自己的日常生活。相信這能夠幫助你體認與朋友之間發生的種種狀況，以及你在當下心中的真實感受。

首先我會說明社交恐懼的各種徵狀及其心理機制，請你試著挖掘出與此呼應的各種回憶及思緒。藉著這種方式，你一定能找到緩解日常不安的方法。

第1章
疲憊的朋友關係

明明很開心，但總覺得疲憊

在學校與熟稔的朋友閒聊、嬉戲是一件很快樂的事。剛入學的時候，或是重新分班的時候，下課時間找不到能輕鬆搭話的朋友，會有一種坐立不安的感覺。

不討厭與人相處，而且心中渴望擁有無所不談的好朋友。與朋友聊天時，有時甚至會開心得忘了時間。

放學回家的路上，與朋友天南地北閒聊，等到一同回家的朋友都離開了，反而會有種鬆一口氣的感覺，甚至會突然覺得好累。每當這種時候，總是會赫然發現原來自己以為聊天聊得很愉快，其實只要身旁有人，神經還是會處於緊繃的狀態。

「我非常能體會！」

「我也有這種感覺！」

相信抱持這種感想的人應該很多吧？

國小、國中時的我也是這樣。每次跟不太熟的朋友一同上學或回家的時候，總是會為了避免沉默而拚命找話題閒聊。

這樣的心情，讓我感覺與他人相處實在是很累的一件事。打從那個時候開始，我就隱約感覺到自己有著過於在意他人感受而容易感到疲累的個性。即使到了今天，我依然認為自己在意他人感受的程度比一般人更強。

因此每次看到那些能夠滿不在乎地與任何人交談的朋友，我總是會覺得好羨慕。

對他人言語和行動產生過度反應

在學校和朋友閒聊明明很快樂，卻經常覺得好累。為什麼會這樣？我抱著這個疑問，試著回想與朋友相處時的每個細節，這才發現自己總是在無意識之間對朋友的反應極度在意。

我總是非常在意朋友的用字遣詞、說話語氣、表情動作，甚至是一些不經意表露出的態度。我隨時都在觀察著朋友的臉色。每當我說出一句話，就會非常在意朋友的反應。

「我這麼說應該沒問題吧？」

「會不會讓他覺得不舒服？」

如果對方的反應有些奇怪，我馬上就會開始擔心。

「他是不是不高興了？」

「剛剛的話是不是刺傷了他？」

朋友的隻字片語或微不足道的態度，也會讓我一顆心忐忑不安。累積了太多這樣的經驗之後，我逐漸變得不敢隨便發言。我擔心我的一句話會不小心傷害了對方，造成對方的反感。

而且我在意朋友的反應，並不僅僅是因為我擔心失言誤傷對方或造成對方反感。此外我也會擔心自己說出口的話太無聊，讓對方覺得很沒意思。

周圍總是圍繞著一大群朋友的人，想必心中不會有這樣的不安吧。

但我不太會說話，甚至可以說有些木訥，因此會擔心別人跟我在一起並不快樂。

尤其是朋友跟另一個人單獨聊天時，我更會覺得不安。

「他會不會覺得我這個人很無趣？」

「他是不是覺得我很煩？」

為了炒熱氣氛，我只好絞盡腦汁想出一些玩笑話。

我也有幾個經常膩在一起的好朋友，在同儕之中並沒有被孤立。但因為這樣的個性，我沒有辦法打從心底享受與朋友聊天的樂趣。雖然聊天很開心，但因為太過在意對方的感受，所以精神一直處於緊張狀態。

每當我在上課時聊到這些，下課後總是會有學生來找我，對我說出他們自己的狀況。有學生說他跟朋友在一起明明很快樂，分開後卻覺得很累，現在終於知道理由了。有學生說他原本以為自己跟任何人都能自然成為好朋友，後來才發現自己也會非常在意朋友的一言一行。

有學生說，他不僅會擔心傷害朋友，害怕引起朋友反感，而且會為了符合朋友的期待而勉強自己。甚至有些學生會感到焦躁、絕望，認為「這不是正常的朋友關係」。

從小到大，我們不斷接受著「要有同理心」的觀念。或許因為這個緣故，我們心中都有著不想讓對方失望、不想傷害對方和希望符合對方期待的強烈慾望。

這樣的觀念本身當然不是壞事，但如果太過強烈，自己就會覺得很痛苦。

對粗神經的朋友總是覺得煩躁、生氣

像這樣因為神經太過敏感而不敢說真話，或是說了真話後又在意對方反應的人，一定經常聽到「你想太多了」或「別那麼在意」之類的建議吧。

但就算聽了「別想太多」、「別在意」這些話之後，就真的能夠都不在意嗎？事情當然沒那麼簡單。雖然理智不斷告訴自己「別在意就好」，但還是會在意。正因為如此，更容易感到疲累。

像這樣神經過度敏感、過度在意他人反應的人，不僅很難控制自己的心情，而且一旦遇上了，說好聽點是不拘小節，說難聽點是粗線條的人，更會覺得難以忍受。

這種人說話不太會在意旁人的感受，經常說出會讓朋友感到不舒服的話，所以總是讓人忍不住替他們捏把冷汗。

「剛剛那句話真的沒問題嗎？是不是刺傷人了？」

「為什麼他說話總是不經大腦？難道不能想一下別人的感受嗎？」

就像這樣惹得自己一顆心七上八下。

每當跟這種粗線條的人在一起，忍不住會心生反感。為什麼他會說出那種話？為什麼他會露出那種失禮的態度？心中不斷產生這樣的疑問，對於那種不顧他人感受、想說什麼就說什麼的自私態度，都忍不住搖頭嘆息。

從這一點，我們可以知道，那就是神經過度敏感、過度在意他人反應的人，明知道只要別在意就能讓心情輕鬆許多，卻不會努力讓自己學會不在意。相反地，甚至還會出現「我可不想變成那種粗線條的人」之類的想法。

那麼到底該怎麼辦才好呢？思考這個問題，就是本書的主旨。

沒有間斷的疲憊感

我會對心理學感興趣，或許是因為我自己也是個常因過度在意人際關係而感到疲累的人。表面上看起來開朗、愛嬉鬧，其實非常在意他人的感受。

自從我在大學任教之後，由於我的專業是心理學，因此偶爾也負責心理諮詢的工作。我聽了很多學生的煩惱，所以非常能對學生的煩惱產生共鳴，就是因為我是個內心會牽掛很多事的人。

學生的煩惱大多是人際關係上的問題。例如有個學生來找我，說他有個關於打工的煩惱。他說他好不容易習慣了這個工作，最近卻在煩惱該不該繼續做下去。一問之下，他對工作本身並沒有任何不滿，讓他感到痛苦的是休息時間。

每到休息時間，工讀生們就會在休息室裡喝咖啡、閒聊。他每次都會很緊張，因為不知道要聊什麼。那種如坐針氈的感覺，總是令他想要逃走。工作本身並沒有任何可挑剔的地方，所以他心裡很猶豫，不知道該不該辭職。

另外還有一位學生，是關於社團的煩惱。他希望學生生活多彩多姿，所以加入了社團。社團活動本身很有趣，但在社團教室裡閒聊的時間卻讓他感到非常痛苦。

他不知道該說些什麼，心裡緊張得不得了，明明應該是很快樂的時間，卻令他想要逃走。但他又擔心如果逃走了，接下來就得過無趣的學生生活。因為這樣的矛盾，令他非常苦惱。

甚至還有一位學生，因為下課時間太過痛苦，導致他不敢到學校上課。大學和高中最大的不同，就在於每個人上的課不一樣，教室的座位也不固定，所以坐在前後左右的人往往是不太熟的同學。

如果是從來沒見過面的陌生人，還可以像通勤時一樣完全無視他人的存在。但同一個科系的學生大多會上同一堂課，所以可能互相認得對方的臉，甚至叫得出名字。總不能因為不熟，就完全視而不見。在這種狀況下，心中的不安便油然而生。

「得找些話說才行」、「該說什麼才好」、「如果對方跟我搭話該怎麼辦」之類的煩惱不斷在腦海盤旋，直到老師走進教室開始上課才會結束。這種如坐針氈的感覺讓他非常害怕踏進教室。

當然以上是比較極端的例子。但一般而言，太過在意他人感受的人，通常比較不會應付下課時間之類能夠自由聊天的場合。

跟朋友一起上學或回家，如果是好朋友還沒關係，但如果是跟不熟的朋友，就會覺得尷尬、緊張得不得了。相信有過類似體驗的人應該很多吧？

每次快到重新分班的新學期，內心就會惴惴不安，煩惱著「不知道能不能交到聊得來的朋友」或是「假如跟原本的朋友都不同班該怎麼辦」，甚至晚上會擔心得睡不著覺。

進入新學期後，如果跟要好的朋友都不同班，又會煩惱「休息時間不知道該聊什麼」，搞得心煩意亂，上課沒辦法集中精神。有這種經驗的人，相信也不在少數。

心底某個角落有個假裝開心的自己

過度在意他人感受的人，並不見得一定是行事低調、沉默寡言的人。有些人總是跟其他人一起嬉鬧，宛如眾人眼中的開心果，其實只是因為太過在意他人感受，才會勉強自己做出各種逗趣的舉動。

這種人可能在教室時會為了炒熱氣氛而拚命歡笑及嬉鬧，放學時獨自一人走在回家的路上，卻又會擔心「做得太過火了」，因而開始埋怨自己。事實上我也曾經是這樣的人。

「玩得那麼開心，好像什麼煩惱也沒有。」

「真羨慕他能永遠都這麼快樂。」

像這樣的「小丑」在他人眼裡，有時可能會成為羨慕的對象。但當事人自己可是絕不輕鬆。這種人表現出一副樂不可支的樣子，完全只是為了讓自己融入群體之中。如果什麼都不做，總覺得自己與周遭的人有些格格不入，甚至顯得有點突兀。在這種心情的驅策下，只好要求自己強顏歡笑。

以下這段文章，正是以稍微極端的方式，描寫出這種人的心境。

「我跟鄰居幾乎無話可說，我不知道該跟他們說什麼。於是我想出一個辦法，那就是扮小丑。那曾是我對他人最後的求愛方式。我極度害怕人，卻又沒有辦法將他人徹底排除在自己的思緒之外。扮小丑的行徑就像是一條細線，讓我與他人之間勉強有了聯繫。表面上，我永遠維持著笑容，但私底下，我卻是戰戰兢兢，抱著冷汗直流的心情，彷彿在進行著一場每一千次只有一次能成功的危險表演。

「（前略）我對自己作為一個人的言行舉止毫無自信。但我把獨屬於自己的懊惱深藏在胸中的小盒子裡，把我的憂鬱與神經質徹底隱藏，努力裝扮出天真無邪的樂觀性格，我就這樣逐漸變成了一個有如小丑般的怪人。我豁出了一切，只為了讓人笑我（以下略）。」（太宰治《人間失格》）

這是太宰治《人間失格》中相當有名的段落。《人間失格》是一部忠實呈現出太宰治內心精神狀態的自傳性作品。作品裡的主角藉由扮小丑，成功融入了群體之中，甚至成為班上大受歡迎的人物。

「畢竟學校就在旁邊，我成了個聽到朝會的鐘聲才出門跑向學校的懶惰學生。即使如此，我還是靠著扮小丑的行為，逐漸成為班上的風雲人物。（中略）我的演技越來越平穩，在教室裡總是有辦法逗得同學哈

哈大笑。就連老師，雖然常感嘆大庭是這班上的害群之馬，卻也總是掩著嘴偷笑。」（同書）

除此之外，《人間失格》的主角更進一步坦白說出自己除了靠扮小丑融入群體之外，還會基於體諒他人的心情而不敢說出真話。

「明明知道會被揭穿，但我就是不敢說實話。我害怕得不得了，說什麼也要想辦法掩飾，這也是我的悲哀性格之一。雖然這與世人口中所說的『騙子』那種卑劣性格有三分相似，但我幾乎從來不曾為了自身的利益而說出掩飾的話。我只是因為那冷場氣氛的瞬間變化令我害怕到幾乎窒息的地步，才會明知道事後對自己將有不良後果，還是拚了命『犧牲奉獻』。就算再怎麼扭曲、微弱或愚蠢，我往往還是會因為那奉獻的心情，而多說了一句掩飾之語（以下略）。」

害怕眼前的氣氛變得尷尬，明知道會造成自己事後的麻煩，還是忍不住發揮奉獻精神而多說了不該說的話。主角明明覺得很悲哀，卻又無法改掉這個行為模式。

這部作品在許多年輕人心中產生了共鳴。不論在任何時代，太宰治都是相當受年輕族群喜愛的作家。或許那正代表著像這種人際關係上的障礙，在年輕人之間是很常見的現象。

事實上這與青年心理學的見解不謀而合。在青春期到青年期之間，由於自我意識的高漲，許多人會拿自己與他人比較，甚至是因為感覺到自己的渺小而陷入自我厭惡的情緒之中，或是過度在意自己在他人眼中的形象。

太宰治終其一生一直維持著青年期的心性，我們藉由其妻子津島美知子的回憶，也可看出太宰治的自我意識有多麼強烈。藉由近距離觀察，津島發現太宰的注意力永遠放在自己身上。關於這一點，她有著這樣的描述：

「他走在路上，總是不斷意識著自己的形象，目光從來不曾被風景或路人吸引。我跟在他的身邊，深深感覺到他不是『看的人』，而是『被看的人』。」（津島美知子《回想的太宰治》講談社文庫）

想要擺脫在他人心目中的印象

年輕人常使用「角色」這個字眼，不過依場合而調整自己的形象並非年輕人的專利。

對這個人表現出這樣的自己，對那個人表現出那樣的自己……隨著場合的不同，呈現自我的方式也會不一樣。要表現出嚴肅的一面，還是表現出嬉鬧的一面，端看當下的氣氛及平日的人際關係，這就是所謂的察言觀色。

事實上要依照當下的氛圍改變自我呈現方式，是一種相當消耗精力的行為。不過如果能夠事先決定好自己的「角色」，只要專心表現出角色的特性就好，相較之下會感覺輕鬆得多。

當然在大部分的情況下，角色還是會依場合的不同而產生微妙的變化。例如在教室中的角色、與死黨好友相處時的角色、與住在附近的朋友相處時的角色、與補習班朋友相處時的角色……很多人會視情況使用各種不同的角色。

事實上角色的設定有助於確立自己在團體中的職責與地位。有些人認為這很方便，至少不用再為如何呈現自己而煩惱。也有些人認為角色的設定讓自己與朋友之間的溝通變得更加自然。

有一名學生告訴我，從前的他太過在意他人感受，因而長期有人際關係的困擾，但自從上了大學之後，他試著在團體裡為自己設定角色和定位，他發現這麼一來與朋友相處變得輕鬆許多。

「我以前很不會察言觀色，老是在擔心『說這句話會不會太突兀』。這讓我變得不太敢開口說話，有時說了一句話，事後還會擔心那麼說會不會被誤會，或是會不會牛頭不對馬嘴。高中時因為太過在意，經常覺得好累。但是上了大學之後，同伴之間每個人都在不知不覺中有了固定的角色，我也有了自己的角色。當我與那些同伴們在一起時，我只要呈現出那個角色就行了。所以跟以前比起來，我不再需要煩惱該如何呈現自己，心情也變得輕鬆很多。」

對於不擅長調整自我呈現方式的人來說，角色確實是相當好用的工具。只要事先決定好角色，就可以清楚掌握自己在他人眼中的形象，以及他人對自己的行為抱持什麼樣的期待，如此一來就不會再迷惘於不知如何呈現自己。

而且還有一個好處，那就是只要依照角色的性格表現自我，就算不小心說出不適當的話，旁人通常也會睜一隻眼閉一隻眼。例如：平常就維持「天真角色」的人，就算聽話時心不在焉、說話時又雞同鴨講，旁人也會以「他就是這麼天真」一笑置之；平常就維持「潑辣角色」的人，就算為了宣洩情緒而說出什麼重話，旁人也會認為「他從以前就這麼潑辣」，而不會與這個人一般見識；至於維持「裝酷角色」的人，就算板起了一張臉，也會被視為天經地義。

但另一方面，卻也有可能受到角色形象所局限，而無法自由表現出最真實的自己。依照角色的既有形象採取行動，可以很容易受到同伴接納，不必每次都隨著場合不同而煩惱該採取什麼樣的行動才合適，這雖然是角色設定的優點，但也因為角色的束縛力太強，有時反而會造成身不由己的情況。

例如平常維持著「秀才角色」的人，有時也會想要和大家一起放縱嬉鬧。平常斯文安靜的角色，有時也會想要大聲說話或惡作劇。然而一旦做出這種事，周圍的人都會嚇一跳，認為「這不像他會做的事」。因為這個緣故，本人往往會自我壓抑，讓自己維持在角色的本分之中。

角色設定雖然方便，卻也有著這樣的不便之處。尤其是對旁人反應特別敏感的人，大多無法快速適應環境的變化。每到升學或新學期重新編班的時候，往往會先壓抑自己來觀察周遭的狀況。如此一來，就很容易被認為是認真、老實的角色。或許本人其實很愛玩、很喜歡瞎起鬨，卻因為受到尚未熟悉環境時產生的角色形象影響，而不敢表現出真實的一面，陷入了身不由己的狀態。

相反地，如果是為了融入群體而經常扮小丑的人，也會變得不敢表現出認真嚴肅的一面。就算是平常眾人眼中的開心果，總也會有煩惱，有心情鬱悶的時候。如果在這種時候，進了教室還得不斷搞笑來取悅他人，內心很可能也會產生自我厭惡的心情。

開朗、有朝氣的角色一旦定了型，就很難表現出真正的內心情感了。每個人在自我省思的時候，多少總是會有一些不安或迷惘，但這些灰暗面卻只能受到壓抑。隨著強顏歡笑的次數累積，這會逐漸變成自動化的反應，如此一來就算不刻意勉強自己，只要身旁有朋友在，就會自然而然呈現出開朗、有活力的一面。

但這造成的結果，是大家只有在歡樂的場合才會想到自己，平常要交到一個能私下談心的朋友會非常困難。就算遇上再難過的事情，也必須擠出笑容取悅眾人，肩負起炒熱氣氛的責任。當這個習性揮之不去了之後，有些人會覺得這樣的自己很悲哀。

原本是為了讓人際關係更加圓滑的角色設定，卻反而扼殺了自己的本性。由此也可看出要表現自我又要融入群體實在是非常兩難的事情。

厭惡過去的自己

人際關係實在是一件相當複雜的事情。有人說大人世界的人際關係因為牽扯到工作會變得加倍複雜，但是孩童或年輕人的人際關係也絕對不單純。就算是與朋友相處，也是一種相當耗費心神的事情。

有時候半夜睡在床上，心中千頭萬緒。可能會對白天朋友說過的一句話反覆思量其深意，可能會擔心自己說過的一句話「是否失言刺傷對方或讓對方心情不好」，可能會回想起朋友的態度而煩惱「我是不是說太多話」或「他是不是覺得很無聊」，相信很多人應該都有像這樣的經驗吧。

實際上有很多人在每天晚上睡覺前都習慣回想白天發生的事，檢視朋友及自己的一言一行，或是朋友的每個反應。

一旦開始回顧自身的言行舉止，任何人都會變得不安，擔心周圍的人不知如何看待自己。很多時候雖然事後會想到「那時候應該這麼說」或「不應該那麼說」之類更妥善的做法，但在那當下無法做到盡善盡美是理所當然的事情。

事實上我也常常因為白天說過的話或表現出的態度，而在半夜裡羞愧得想要大聲吼叫，或是陷入自我厭惡的情緒之中。即使到了今天，這個問題還是沒有改善。每當我回想自己的言行舉止，就會後悔「不該做那件事」或是埋怨自己「不該說那句話」。

一旦進入青春期，開始擁有自我意識之後，就必須在生命的過程中與自我意識長久和平共存。經常因回顧白天的自我言行而陷入自我厭惡的情緒之中，或許可以說是身為人的一種宿命吧。

不過自我厭惡的心情，也證明了自己還有著想要變得更好的慾望，所以也不必感到太過悲觀。

「關係的文化」會讓人在意他人感受

像這樣極度注重人際關係的現象，實際上一點也不稀奇。對於在關係的文化中形成自我人格的亞洲人而言，甚至可以說非常自然。

常有人把不敢表達自我意見、不擅長辯論視為亞洲人的缺點。但從另一個角度來看，即使不表達自我意見，也能明白他人的心情及想法，而且因為很清楚他人的立場，所以不願意把自己的個人觀念強加在他人身上。

太過在意他人的期望與感受，是因為想要回應他人的期待，不想讓他人失望，這可以視為一種以滿足他人為優先，而將自己放在其次的體貼現象。

心裡有話卻不敢說，有所求卻不敢明言，是因為不想造成他人的負擔，也不希望被他人當成厚臉皮的人。換句話說，這完全是為了維持雙方的良好關係。

由此可知亞洲人的相處文化，總是意識著自己與他人的關係。如果將自己從與他人的關係中切割出來，自我將蕩然無存。因為有他人，所以有自己。一旦排除了與他人的關係，甚至會有人無法為自己建立一個適當的形象。

我把歐美的文化稱為「自我中心的文化」，而把亞洲的文化稱為「關係的文化」。這兩種文化各有以下這些不同的特徵。

所謂「自我中心的文化」，就是盡情表達自我想法的文化。要不要說出某句話或採取某種行動，完全是以自己的意見及立場作為判斷基準。簡單來說，就是不管什麼事都根據自己的意見及立場來判斷。

歐美的文化正是典型的「自我中心的文化」。在這種文化中形成自我人格的歐美人，不論遇上什麼事都能以自己作為判斷基準，而不會受到他人影響。每個人都各自獨立，與他人清楚切割，因此常給人我行我素的印象。

另一方面，「關係的文化」則是不願意以單方面的自我想法造成他人困擾或不快的文化。要不要說出某句話或採取某種行動，必須要考量他人的心情及立場之後才能判斷。不論遇上什麼事，都會先考慮他人的心情及立場。

在這種文化中形成自我人格的人，不管什麼事都無法單純以自己作為判斷基準，必須顧及他人的心情及立場。每個人並不形成獨立的封閉關係，而是與他人之間處於開放關係的狀態。因此會不斷在意他人的期待，而且會盡可能不使他人失望。

在「關係的文化」中形成自我人格的亞洲人，不同於置身在「自我中心的文化」中的歐美人。並非生活在「個人」的世界，而是生活在「關係」的世界裡。

「I」與「YOU」互相獨立，各自單方面形成自我意識，這是

「個人」的世界的基本概念。在傳達自身想法的時候，能夠率直地說出最真實的心聲，而不會受到他人影響。因為他們活在「個人」的世界裡，這對歐美人來說並沒有什麼不好。

但對於活在「關係」世界的我們來說，問題就沒有那麼單純了。在傳達自身想法的時候，必須意識到他人的感受，必須不違背自己與他人的關係，必須不傷害他人，必須不把氣氛弄僵，必須不引起他人的不滿。活在「關係」世界的人，向來習慣擁有兩個方向的觀點。

以日語中的第一人稱為例，也必須隨著自己與他人的關係，在「私」、「僕」、「俺」等字眼中謹慎挑選。日本人發揮與生俱來的同理心，揣測他人的想法與希望，在確保不影響雙方情緒及現場氣氛的前提下，調整自己的用字遣詞。日本人在說話時，就是沒辦法想到什麼就說什麼。

生活在「關係的文化」中的人，任何行動都必須意識到他人。正因為如此，才會不敢表達自我意見、不擅長辯論。就文化的觀點上來看，這完全可以說得通。

雖然亞洲人不具備與他人切割之後的自我，卻並不代表我們不成熟。因為自我的存在方式必須依循「關係」才能確立，因此與他人切割之後不再在意他人感受的自我，反而才象徵不成熟。

如今有很多學校開始教導辯論的技巧，並且增加了表達自我想法的溝通練習機會，但即使如此，現在還是有很多年輕人在交談時不善於提出自己的意見。

很多學生都說，雖然現在很多課程都加入了小組討論的要素，但要對一群不熟的人說出自身想法實在很難。大部分情況都是少數幾個人在發表意見，其他人都只是隨口敷衍而已。

對不熟的人說出自身想法為何很難？理由就在於不瞭解對方的想法及感受，所以可能會說錯話。

雖然現在的教育強調表達自我意見，但即使是現在的年輕人，還是會藉由年輕人特有的新型態表達方式，達到顧慮對方心情、避免傷害及衝突的效果。就算是要好的朋友，日常生活中還是會經常為了顧慮對方而使用較委婉的說法。例如在聊到一首歌的時候，日本人不會這麼說：

「我喜歡這首。」

而是會這麼說：

「我可能喜歡這首吧。」

以這種模稜兩可的委婉方式，來迴避當對方不喜歡這首歌，或更喜歡別首歌時的尷尬。

又如在討論星期日要做什麼的時候，日本人不會說：

「我想看電影。」

而是會說：

「我可能想看電影吧。」

理由只是因為朋友可能想做其他事。

被他人目光束縛的痛苦

青少年大約在上了國中之後，會開始特別關心與朋友相處的問題。事實上這與認知能力的發達有關。

進入青春期之後，自我審視的機能會變得非常強，因而會開始在意「不該說那句話」或「不知道對方怎麼想」。由於極度在意他人的反應，所以會盡力調整自己的言行舉止，讓他人接納自己。

像這樣藉由觀察他人反應來調整自身言行的現象，就稱為自我監控（self-monitoring）。藉由自我監控來調整言行，雖然能夠讓自己較容易獲得他人接納，但也往往會因為過度在意他人反應而無法自由表現出最真實的自己。

對很多人來說，意識他人視線、做出符合他人期待的行動，可說是日常生活中每天都在做的事。例如和一群好友聊天的時候，明明心裡想著「今天有點累，想早點回家」，卻往往不敢獨自離開或老實告知。

很多人在這種時候會選擇勉強自己遷就眾人，可能心裡很不耐煩，滿腦子想著「到底要聊多久」、「該結束了吧」，卻還是會勉強自己表現出樂在其中的態度。

明明心裡有著煩惱，根本沒有心情玩樂，卻還是得強顏歡笑，說出一些毫無意義的玩笑話。在這種時候，心頭很可能就會萌生對自己的怒氣。表面上和大家一起玩得很開心，其實心裡覺得一點意思也沒有，這樣的狀態往往會累積極大的壓力。

每當這種時候，有些人就會產生想要回到過去的念頭。有可能是想要回到天真無邪、不太在意「他人目光」的小學時期，有可能是想回到經常與毫無隔閡的社團好友膩在一起的國中時期，也有可能是想回到有著無話不談、任何心事都能傾訴的知交密友的高中時期。甚至還有一些人會開始覺得與他人相處實在是一件麻煩的事情。

由此可看出受到「他人目光」束縛是一件多麼痛苦的事。

挫折會導致情緒爆發

一旦被「他人目光」束縛，就會沒有辦法自由自在表達自我。如此一來，就只能壓抑真正的心情，強迫自己隨周圍的人起舞。這種壓力造成的焦慮感，有時甚至會導致情緒爆發。

有些人因為在學校強顏歡笑，不敢說出真心話，內心累積太多焦慮感，導致回到家之後情緒爆發，把怒氣宣洩在家人身上。像這樣的例子可說是極為常見。

有些人平日性情溫厚、善體人意，卻可能突然之間情緒激動，徹底失去理智，令周圍的人大吃一驚。像這樣的例子，大多也是平日過於壓抑自己配合他人所導致。

心理學上有一套理論稱為「挫折—攻擊假說」（frustration-aggression hypothesis）。簡單來說，就是當累積挫折時，就會產生攻擊的衝動。這套理論不僅在心理學界已透過實驗證實，而且相信也是許多人在日常生活中的親身經歷。

首先提出「挫折－攻擊假說」的人物，是以杜拉德（John Dollard）為首的一群心理學家。他們認為當一個人對著某個目標想要執行某種行動卻遭到阻止時，就會產生「挫折」（frustration）。當挫折產生時，為了加以消除或減輕，可能就會誘發攻擊行為。許多學者針對杜拉德等人提出的這套「挫折－攻擊假說」進行了實驗與調查，讓這套理論普遍受到支持與認同。

例如心理學家巴克（Roger Garlock Barker）等人，就曾以實驗證實了孩童的挫折誘發攻擊行動的心理機制。

實驗的方式是這樣的。首先讓一群孩子看見擺滿了整間房間的玩具，接著將孩子分成兩組。

第一組的孩子，讓他們看了玩具之後，把玩具放在他們拿不到的地方，誘發他們的挫折感。例如以鐵網將玩具擋住，讓孩子們拿不到，沒辦法以玩具進行遊戲。過了一段時間之後，才讓他們拿到玩具。

第二組的孩子，則是讓他們看了玩具之後，立刻讓他們能夠玩到玩具。換句話說，這一組孩子的挫折感並沒有被誘發。

接著學者比較這兩組孩子對玩具採取的行動，發現第二組孩子開開心心拿著玩具進行遊戲，第一組孩子卻出現了破壞傾向。他們會對玩具做出一些攻擊行為，例如毆打玩具、將玩具扔向牆壁，或是將玩具踩在腳底下。

孩童在面對衝動時，表現出的反應比大人更直接。這個實驗確實證明了挫折會導致攻擊行為。看得見玩具卻玩不到的孩子們，會因為挫折而產生焦躁感，因而以毆打、扔擲或踩踏玩具的方式來宣洩他們的攻擊衝動。

在這場實驗裡，孩子們的攻擊對象是引發挫折感的玩具。但在現實生活中，攻擊的對象有可能會改變。

例如在學校裡和同學發生了不愉快的事情，陷入挫折狀態，回家途中可能會在車內對著大聲說話的乘客大喊「吵死了」，或是在回到家之後因為一點小事而對家人發脾氣。

平常很少抱怨的人，也可能會因為陷入挫折狀態，而在便利商店排隊結帳時，對動作太慢的店員咕噥「慢吞吞的，到底在搞什麼」。或是一進到自己的房間，就把書包扔在地上、踹開腳邊的垃圾桶等等，以手邊的東西來宣洩怒氣。

像這些情況，宣洩攻擊衝動的對象或物體，與當初引發挫折感的人物毫無關係。換句話說，這是一種攻擊對象的置換現象。

當發生這種置換現象時，由於挫折感導致的焦躁感與攻擊衝動太強，所以很容易產生扭曲的認知。

具體來說，一句平常聽了根本不會在意的話，在這種時候聽了可能會認為受到挑釁，因而破口大罵「別把人看扁了」。或是一句平常聽過很多次的話，在這時聽了可能會抱怨「何必說得那麼難聽」。簡單來說，就是任何刺激都有可能引發過度的反應。這種扭曲的認知就是後面將提及的「敵意歸因偏誤」（hostile attributional bias）。

SNS 帶來的安定與憂鬱

在「他人目光的束縛」這一點上，SNS（社群網路服務）也發揮了非常大的影響力。

我還記得手機剛問世的時候，雖然手機在外出聯絡時非常方便，親朋好友幾乎人手一支，我卻對手機這種東西一直抱持著排斥感。因為我認為如果我隨時都能被人找到，就會失去一個人獨處時的解放感。一想到這點，我就不想在身上帶一支手機。

但我畢竟沒有辦法違抗時代的趨勢，不知不覺連我也習慣了手機的方便性。話雖如此，但我一點也不想仰賴 SNS 與大量的親友建立聯繫。

現在的年輕人不僅從小就習慣使用智慧型手機，而且因為 SNS 太過發達，所以生活中一直維持著與朋友隨時可聯繫的狀態。

從前的人即便在學校必須在意朋友的感受，甚至是壓抑自我意志而配合朋友，但只要走出校門，與朋友道別之後，就能獲得解放，成為獨自一人的自由狀態，不必再偽裝自己。

但現在的年輕人在離開了學校之後，不管是搭電車、逛街購物還是回到家裡，無論何時何地都必須留意來自朋友的訊息。

一旦沒有即時回應訊息，就會擔心「他會不會以為我故意不理他」

或是「在學校見了面可能會尷尬」。

尤其是當其他同伴都有了回應而唯獨自己沒有回應的時候，更是會忐忑不安，擔心遭誤解「自己想要脫離這個團體」，因而遭到排擠。

因為這個緣故，現在的年輕人即使是一個人獨處時，還是必須時時注意朋友有沒有傳訊息，若有訊息就必須立即回應。而且由於文字訊息無法傳遞表情或語氣，為了不讓朋友讀了之後感到不舒服，還必須再三推敲自己所寫的文字所傳達的訊息印象，實在非常耗費心力。

不管是購物時、在公園或咖啡廳休息時、在家裡讀書時，或是在看影片或電影時，任何時刻都有可能收到來自朋友的訊息，經常因這樣而坐立不安，不管做什麼事都難以集中精神。

就算在旅行的時候，也會不斷收到朋友的訊息，每次都必須回應。不僅完全沒有解放感，而且沒有辦法真正享受旅行的氛圍。好不容易來到了一個遠離日常生活的地方，卻因為滿腦子只掛心著手機上的訊息，無法集中精神，也沒辦法好好欣賞周圍景色。

讀書的時候，當然也沒有辦法專心。不管做什麼事都無法全神貫注地投入其中，因此有越來越多人覺得在 SNS 上與其他人保持聯繫是一件很煩的事情。最近還流行一句話叫做「社交媒體倦怠」，正是代表這個現象。

就算下定決心不再使用 Facebook 及 Twitter，許多必要的聯絡事項還是得仰賴 LINE 來傳達，很難將 SNS 徹底排除在生活之外。而且有些人明明覺得 SNS 很煩，但如果長時間沒有收到任何訊息，卻又會產生寂寞感，反而更加無法沉下心來做其他事，最後變成整天抓著智慧型手機不放。

因為 SNS 的關係，現代人必須持續暴露在大量的「他人目光」之中。這一方面讓人感到憂鬱，一方面卻也能藉由與他人的持續聯繫而產生安定感。正因為如此，有很多人即使再怎麼厭煩，也無法完全斬斷SNS。

由此可知SNS已成為讓人際關係變得更累的工具。

第2章 被討厭的恐懼

無法拒絕朋友的邀請

每當我與學生們談論關於人際關係造成的壓力時，總是不禁深深感覺到勉強自己配合他人的壓力是如此巨大。而且有很多人在國中、高中的時期就開始承受這種巨大壓力。

例如我在國中及高中的時候，每天放學後都會留在教室裡和朋友們閒聊。雖然回家後總是會後悔「浪費太多時間」，但隔天還是會重蹈覆轍。因為我怕被朋友認為不合群，所以不敢獨自回家，但回了家之後又會埋怨這樣的自己。

很多人就跟我一樣，不敢拒絕來自朋友的邀約，而且有些人不僅在國中、高中時是這樣，甚至上了大學之後也沒有改變。由於生活變得更加自由的關係，來自各方面的邀約也會變得更多，推辭不掉的邀約當然也更多。

明明覺得很累，很想早點回家休息，但是當朋友邀約上鬧區吃飯的時候，還是跟著去了。接著可能又有人提議去唱卡拉ＯＫ，其他人都附和，這時也說不出口「今天有點累想先回去」，只好又勉強振作起精神去了。一回到家，才感覺疲累不堪，深深後悔當初為什麼不直接回家。

又或者是朋友邀約看電影，自己明明對那場電影沒興趣，卻還是去了。看完之後果然覺得很無聊，不禁後悔浪費了時間與金錢。而且明明有了這樣的前車之鑑，下次朋友邀約聽一場自己沒興趣的演唱會，自己還是會參加，結束後才又開始自怨自艾。

當受朋友邀約參加一場自己沒興趣的活動時，如果勉強答應參加，很可能馬上就會後悔「明明不想參加，為什麼沒有拒絕」，甚至還沒有出發就把自己搞得身心憔悴。

相反地，也有很多人表示因為害怕遭到拒絕，所以不敢邀約朋友。一來遭到拒絕時會受傷，二來擔心遭到拒絕的不安感太強，所以不敢主動邀約朋友，只能被動等待朋友的邀約，如此一來也就陷入不斷配合朋友的狀態。

不但朋友的邀約拒絕不了，而且朋友有事相求時也拒絕不了。有時朋友委託了一件很麻煩的事，或是自己非常不想做的事，卻因為不敢拒絕而只好無奈地答應。

例如有個朋友上課老是在用 LINE 聊天或玩遊戲，從來不做筆記，等到快考試了才來向自己借筆記。自己心裡明明想著「我才不要把筆記借給這種上課不認真的人」，卻無法說出口，最後只能無奈地答應。明知道借了之後自己的心情會很差，但就是沒有勇氣拒絕。

明明覺得這種把自己搞得心浮氣躁的朋友關係實在很空虛，卻又沒有辦法改變無法拒絕的自己。

內心不贊同卻只能點頭

每當勉強自己配合他人，例如聽一些自己不感興趣的話題，或是聽到不好笑的笑話卻還得哈哈大笑的時候，就會產生極強烈的疲勞感。但這還不是最糟糕的情況。最容易讓人自我厭惡的情況，是明明不認同對方說的話，卻不敢反駁，只能假裝同意地頻頻點頭。

例如當朋友在說另一個小團體的朋友的壞話，而那個朋友並不在場時，自己心裡可能想著「才沒有那回事，他不是那種人」，卻不敢出言反駁，而且還可能反射性地點頭附和。

發生這種事的時候，心情一定會非常差。內心除了氣朋友不該亂說別人壞話之外，更氣自己明明不同意卻點了頭。有時甚至還會被捲入「關係攻擊」（relational aggression）的風波之中。

所謂的關係攻擊，指的是故意散播謠言或扭曲事實，讓某個人遭到排擠或不被信任，可說是人際關係上的惡意操控行為。

如今社群網路服務非常發達，每個人都能以智慧型手機連上社群，導致透過網路發動的關係攻擊幾乎存在於每個角落。當然，關係攻擊的行徑並非僅存在於網路上。

就算是國家或企業，也常常會藉由建立「假想敵」來增強內部的向心力。例如學校的競賽性社團，也會一再強調強勁的對手學校，來維持社團成員的團結一心。

即使只是普通的朋友團體，也會在無意識之間使用類似這樣的精神戰略。簡單來說，就是集體塑造一個壞人的形象，讓同伴之間的關係更加緊密。

例如當遇上有人告訴自己「A同學說你的壞話」的時候，雖然自己很瞭解A同學，知道他絕對不可能做這種事，但為了不把氣氛弄僵，所以沒有反駁。

但這還算是比較單純的情況。又例如有人告訴自己：「B同學說了C同學的壞話。你不覺得很過分嗎？」

這時自己心裡可能很懷疑這件事的真實性，卻會忍不住表示認同，說出這樣的回答：「真的太過分了，C同學好可憐。」

甚至當自己遇上C同學的時候，還會跟著說出相同的話；「B同學說了你的壞話呢。」

如此一來，自己也可能成為抹黑B同學的幫凶。這是一種想要藉由打小報告來表現出自己與對方站在相同的立場，藉此增進雙方情誼的心情。這時自己很可能覺得這種行為很糟糕，卻又不敢當面反駁造成氣氛尷尬。

當身邊發生類似這樣的關係攻擊時，有些人可能會覺得靠說他人壞話來增進感情實在很悲哀，但又怕如果出言指責的話，自己反而會成為下一個攻擊的對象。

為了保護自己，只好附和說壞話的人。每當夜闌人靜的時候，回顧自己一天的所作所為，往往會產生強烈的自我厭惡感，在某些例子中甚至會出現自殘的行為。

一邊說著「好蠢」一邊按「讚」的矛盾

明明覺得對方說得不對，卻不敢指正；或是不敢打斷對方的話，只好一邊點頭一邊繼續聽下去。雖然這是因為不忍心傷害對方，但如果做得太過火，也會變成一種相當糟糕的態度。

這樣的情況在社群上相當常見。社群交流不同於面對面，互相看不見對方的模樣及表情，因此有很多人看了朋友的發文後，一邊咕噥著「好蠢」一邊按「讚」。

例如朋友公開了一張自己正在做傻事的照片，有人可能會一邊譏笑「真是個笨蛋」，一邊按下「讚」的按鈕。又例如朋友公開了自己在高級餐廳用餐的照片，也可能有人會一邊不耐煩地想著「這有什麼好炫耀」，一邊按下「讚」。

當然朋友公開的不見得都是讓人啼笑皆非的照片。有些朋友可能喜歡公開自己日常生活中的餐點，有些朋友可能喜歡把每件新買的衣服拍下來放在網路上，有些朋友則可能不管去了哪裡都喜歡拍些風景照放上網。看的人可能會覺得「為什麼要把自己吃什麼昭告天下」、「你買什麼衣服關我屁事」或是「為什麼要故意讓大家知道你在哪裡」，但明明嘴上批評，卻還是會反射性地按下「讚」的按鈕。

做這種事當然不可能讓自己開心。一般來說，做出欺騙他人的言行之後都會產生自我厭惡的心情。

但是對不知道真相的朋友來說，看見很多人幫自己按「讚」，認同慾望獲得了滿足，心情會很好。即便絕大部分的「讚」背後都隱藏著欺騙的心情，他們也無從得知。

當然立場也有可能對調。自己在SNS上發表了一些東西，很多人按「讚」，甚至是寫下讚美之詞。自己看了之後心情很好，卻不知道那些「讚」絕大部分都是假的。

從這層意義上來看，SNS實在是一種非常難以解讀對方真意的溝通方式。

過度客氣的個性產生的距離感

努力不說出失禮的話、不造成他人心中的不快，也可能適得其反，讓自己與他人的心靈距離無法拉近。

例如對於初次見面或地位較高的對象，為了不失禮數，大多數的人會使用較恭敬、拘謹的說話方式。但可能也因為這個緣故，雙方難以產生親近感。相較之下，有些人就表現得大而化之，可能一開始就使用平輩的口氣說話，甚至是開對方的玩笑。雖然常常會讓旁觀的人捏一把冷汗，但是像這種人反而能夠一下子就與對方建立情誼。

極度注重人際關係的人，每當遇上這樣的狀況，應該都會覺得很不合理，心裡會抱怨：「為什麼那種厚臉皮又失禮的傢伙反而吃得開？這不是很奇怪嗎？」

任何人只要對人際關係的重視程度高於一般人，從小到大應該都有不少類似的經驗吧。例如自己對老師總是恭敬有禮貌，老師卻比較喜歡那些以朋友的口氣對老師講話的同學，經常和那些同學互開玩笑。同樣的情況也會發生在社團裡。自己對學長姊講話總是客客氣氣，學長姊卻比較喜歡那些以平輩口氣講話的同學。

有這種經驗的人，應該都能明白不拘小節才容易建議情誼，太過在意反而不容易拉近關係的道理。但心裡雖然明白，卻還是無法阻止自己太過在意。

覺得無法交心而感到寂寞

經常與學生們交談，令我深深感受到世代的變化。例如在「朋友關係」這一點上，我發現現在的學生幾乎不會向朋友傾訴心事。

有些學生告訴我，他們只能跟朋友說些無傷大雅的玩笑，或是交換一些可有可無的資訊，卻沒有辦法互相吐露心聲，因而感到很寂寞。

就如同前文所描述的那樣，他們只能配合著對方，隱藏自己的真實情感，裝出符合對方期待的反應。其實他們並不是故意想要表現得虛偽，只是不希望破壞氣氛，或是被當成怪人，才會自然而然地表現出虛偽的一面。

以我實際上觀察學生互動的感覺，我發現學生們相互之間雖然還是像以前一樣多話，氣氛非常熱絡，卻少了一股像以前一樣能夠互相傾訴內心真正想法的氛圍。

由於我經常親眼目睹這樣的現象，所以我在自己的著作中指出現代的朋友團體之間的對話有綜藝節目化的傾向（《綜藝節目化的一群人——你的角色是否展現出了「自我風格」？》廣濟堂新書）。什麼叫做綜藝節目化？意思就是大部分的發言都只是為了博取笑聲。

有些學生告訴我，他們因為覺得這樣的朋友關係實在太空虛，忍不住吐露了一些真心話，沒想到卻因此而破壞氣氛，朋友們都露出尷尬的表情。自從有了這樣的經驗之後，讓他們再也不敢說真話了。

這讓我想起了精神科醫師大平健曾經發表過的看法。他認為在現代的年輕人之間，「體貼」的本質已產生了變化。從前的體貼是「治療性的體貼」，現代年輕人的體貼卻是「預防性的體貼」。

具體來說，從前的人想要維持圓滑的人際關係，做法像是「互舔心靈的傷口」，但現代年輕人的做法卻是「打從一開始就不傷害對方」。

從前的人會觀察對手的心情並加以認同，藉此來增進雙方的關係，現代人則是打從一開始就不加以碰觸或干涉。對他人的心情盡量設法迴避，成了現代人相互之間維持圓滑關係所不可或缺的心態。大平健認為「體貼」新舊定義的最大差異，就在於從前的人會觀察他人的心情，而現代人則不干涉他人心情。

如果「體貼」的定義真的產生了這種本質上的變化，那麼現代人無法進行心靈交流也是理所當然的事。

在以「治療性的體貼」為主流的時代，大家認為即便說出真心話傷害了對方，也還有機會加以修復。但在「預防性的體貼」成為主流的時代，一旦不小心傷害了他人，關係很可能會惡化且無法修復。為了預防這種事情發生，大家學會了互相不干涉對方的心情。

而發生這種變化的背後原因，就在於對「受傷」及「傷人」的極度恐懼。如果每句話都只是在搞笑，就沒有說出真心話刺傷他人的問題，當然也就可以防止自己或他人受傷。這雖然是有效的權宜之計，但沒辦法真心交流也會造成內心的寂寥。

對人際關係的不滿足

像這樣因無法真心往來而造成的寂寞，以及長時間受到人際關係束縛而導致的鬱悶，可說是現代人的通病吧。

雖然形式上有所往來，心意卻互不相通。雖然和朋友們一起嬉鬧很快樂，卻又因過於勉強自己而造成疲累不堪；明明有所交流，卻總覺得少了點什麼；好想要一個能夠毫無顧忌地吐露真心話的朋友。抱持著這種煩惱的人，相信應該很多吧。

當我和學生們討論這個問題時，不少學生說出了他們的心聲。例如有人這麼說：「雖然我有許多朋友，但與他們相處很耗費心神，我必須不斷強迫自己遷就他們，老實說很累。我不奢望能夠和所有人深入往來，但至少希望有一、兩個能夠放鬆心情相處，且能互相傾訴心事的朋友。」

此外也有人這麼說：「我總覺得像這樣處處提防的關係根本稱不上是真正的朋友。但如果捨棄了這些人際關係，我就會被完全孤立。因為做不到捨棄，所以覺得很煩惱。」

有許多年輕人都對這樣的心聲表示感同身受。

雖然覺得膚淺的關係很煩人，卻又有著種種揮之不去的憂慮。例如「想法不同可能會把氣氛弄僵」、「說出真心話可能會被當成怪人」或是「如果表現出真實自我，而對方無法接受，自己可能會受傷」等等。每個人都處在這種「擔心被拋棄」的狀態下，自然無法敞開心胸。

一方面追求真心誠意的往來，一方面自己也沒有踏出第一步的勇氣。一邊是貌合神離的孤獨，一邊是遭到孤立的恐懼，每個人都宛如生活在夾縫之中。

擔心遭到輕蔑的不安

當朋友說了重話或流露出厭惡態度的時候，任何人都會覺得很難過。與個性不好的人往來，很有可能像這樣受到傷害，所以大家都會盡量對這種人避而遠之，這是很自然的事情。

但在觀察近年來年輕人的交友模式、與年輕人交談，以及進行問卷調查的過程中，我發現年輕人在這方面的憂慮有些過於敏感。明明還沒有被朋友傷害，就已開始擔心如果受傷該怎麼辦。

尤其是現在有越來越多年輕人在聽到他人的建議時，會產生「你以為你是誰」的排斥心態。針對這個現象，我在數年前曾進行過心理分析研究（參考《「高傲眼神」的構造》日經premier系列），我認為其背後的心理因素是「擔心遭到輕蔑的不安」。

所謂的「擔心遭到輕蔑的不安」，簡單來說就是擔心被看輕、被當成笨蛋的不安。

每個人心中或多或少都有這樣的不安。但是當這股不安感太強時，不管面對什麼樣的建議，都會認為對方只是想表現出高高在上的態度。即便對方完全是一片好心，根本沒有看輕之意，而且其建議對自己確實有所幫助，也沒有辦法欣然接受。

所謂的建議，當然有「提供」的一方與「接受」的一方。若說「提供」者的立場比「接受」者高，確實也沒有錯。但是抱持「擔心遭到輕蔑的不安」的人，不僅是建議，就連「需不需要幫忙」之類的善意詢問也會產生強烈排斥反應。

他們的理性很清楚地知道對方只是出於一片好意，心情上卻忍不住認為對方是在責怪自己「事情怎麼還沒有做好」或是「辦事效率真差」。

在抱持「擔心遭到輕蔑的不安」的人眼裡，他人的親切態度都會變成高傲態度。如此一來，不但無法心懷感謝，而且還會萌生「你以為你是誰」的厭惡情緒。

我們曾經對大學生及專門學校學生共三百一十人進行過意識問卷調查，發現有六十四％的人曾有過「遭他人以高傲態度說話而心生厭惡」的經驗。另有四十％的人曾感覺「同輩的說話語氣相當高傲」。由此可知有相當多年輕人對「高傲的態度」會產生相當敏感的反應。

除此之外，有六十八％的人「有著強烈不希望遭他人瞧不起的念頭」，並有七十％的人「有著強烈渴望受到肯定的念頭」，由此亦可看出大多數年輕人都對來自他人的評價感到不安。

另外，我們也針對從二十多歲到五十多歲的人進行過意識問卷調查。每個年齡層各一百七十五人，男女各三百五十人，合計共七百人。調查結果顯示有超過一半的人「有著強烈不希望遭他人輕蔑的念頭」。根據相關分析的結果，越是在意「他人高傲視線」的人，越有著以下這些傾向。

①當遭到他人批評時，不管其批評有沒有道理，都會萌生怒意。
②有著強烈不希望遭他人輕蔑的念頭。
③有時會對某些事情心懷不滿。
④有時會認為自己不管做什麼都不會成功。
⑤經常拿自己和他人比較。
⑥有時會非常厭惡自己的工作（或學業）。
⑦非常在意他人對自己的看法。

由此可看出，越是對現況抱持不滿、缺乏自信且抱持「擔心遭到輕蔑的不安」的人，越容易對「他人的高傲視線」產生過敏反應。

當「擔心遭到輕蔑的不安」非常強烈時，不僅會對「他人的高傲視線」產生過於敏感的反應，往往還會藉由虛張聲勢來提升自己在他人眼中的形象。例如這種人說話可能會加油添醋。但是當做得太過火時，旁人就會察覺「這個人說話不老實」。如此一來，那種裝模作樣、汲汲營營的態度，反而會成為遭旁人看輕的理由。

因為他人的一點微不足道的言詞或態度，就產生過度反應，表現出厭惡或挑釁的態度，說穿了都是因為「擔心遭到輕蔑的不安」曲解了他人的本意，認為他人是在譏諷自己。

我就是不想被討厭

從以上這些現象，不難想像一個過度在意朋友而勉強自己配合的人，會認為自己的行徑是一件多麼滑稽而愚蠢的事情。每當夜闌人靜，他們獨自回想著自己的言行舉止，這種感覺往往會強烈地湧上心頭。但是見到了朋友之後，卻又會故態復萌，開始過度在意及壓抑自我。

為什麼會像這樣不斷重蹈覆轍？說穿了，就是因為害怕被他人討厭。擔心遭到討厭的不安感，會讓一個人過度在意他人感受，變得不敢拒絕他人。

在前文提到的那個以大學生及專門學校學生為對象的問卷調查中，有七十九%的人「相當在意他人如何看待自己」，有七十二%的人「有著強烈不希望被他人討厭的念頭」，有六十%的人「曾經擔心過自己是不是被他人討厭了」，有五十二%的人「經常在意他人對自己的看法，因而不敢說出真心話」，有六十%的人「曾經努力想要扮演一個好人」。

一旦開始擔心自己在他人心中的形象，心情就會變得畏畏縮縮，沒有辦法放鬆情緒，也沒有辦法表現出真正的自我。不管是在書上、報紙上，還是網路上，只要是類似人生煩惱諮詢專欄之類的文章，一定會出現像這樣的建議：「如果表現出真實一面卻遭到討厭，那種人根本稱不上是朋友。既然原本就合不來，就算被討厭也沒什麼大不了。」

這樣的主張確實言之成理。但無法不在意他人，卻也是不爭的事實。就算以「別人是別人，我是我」來說服自己，要做到完全釋懷還是相當困難。到頭來，每個人都是害怕被討厭的。

「被討厭的勇氣」就像惡魔的誘惑

「想要活得像自己，就不能害怕遭到討厭。讓自己被討厭也是一種有勇氣的表現。」當一個抱持前述煩惱的人聽到這樣的話，多半會受到深深吸引。這時內心就會開始產生「要是能不在乎被討厭，人生確實就輕鬆多了」的念頭。

不想再當一個不敢說不的人。

明明心情沮喪，卻還要強顏歡笑的感覺真的很空虛。

極度厭惡不敢表達主見，只能附和他人的自己。

對人際關係感到厭煩，卻沒有拋下一切的勇氣。

討厭在同儕之間顯得突兀，卻又不喜歡隨波逐流。

過於在意他人反應，說話總是避重就輕的人生總覺得少了點什麼。

因為害怕被討厭，反而無法拉近距離。

擔心遭到反駁而不敢說真話，感覺這樣的自己真窩囊。

當內心充塞著以上這些煩惱的人，聽見了「被討厭的勇氣」這句話，確實會有種彷彿看見新天地的新鮮感。當一個人的內心正懷抱著「感覺既空虛又鬱悶，卻又不想被討厭」的矛盾，心靈彷彿正吶喊著「我受夠了，我想改變」時，「被討厭的勇氣」這句話確實有著足以撼動心弦的魅力。

彷彿遭到了束縛，沒有辦法隨心所欲地過自己想要的生活。不斷在意著「自己在他人眼中的形象」，不管做什麼事情都綁手綁腳。當內心有著這樣的糾葛時，「被討厭的勇氣」這句話確實就像一道救贖的聲音。這會誘發「沒錯，我根本不必在意他人眼光」或是「只要不怕被討厭，我就能活得更像自己」之類的想法，心情會變得輕鬆不少。

但如果因此而做出巨大的改變，原本好不容易建立起來的人際關係可能會徹底瓦解。

一個原本與周遭同儕相處融洽的人，假如突然變得我行我素，周圍的人當然會嚇一跳，心裡產生「這傢伙吃錯藥了嗎」的想法。一旦內心產生了不必勉強配合他人、不必在意他人目光的想法，很可能會矯枉過正，變得過度任性，做出一些讓他人感到不舒服或摧毀信賴感的行動。

例如有些人在讀了心理輔導的書籍之後，會突然變得自私任性。因為像這一類書籍，內容大多包含「不必勉強自己」、「痛苦來自於自我壓抑」、「任性一點也不會怎麼樣」、「不要再強迫自己當個好人」、「老是在意他人目光就無法活得像自己」之類帶有拯救意味的訊息。

事實上這些訊息的主要傳達對象，是那些過度壓抑自己，導致幾乎快要窒息的人。其本意是「這麼勉強自己實在太累了，不如輕鬆一點，表現出自然的一面就好」。換句話說，那些訊息只對自我壓抑到痛苦不堪的人才適用。

如果一個原本就只是社交焦慮程度適當的人，突然認為應該活得更像自己、不須在意他人，因而變得我行我素、任性妄為，只會給別人添麻煩而已。

為了展現出「被討厭的勇氣」，而將原本過度在意他人的心情做出適度的緩和，當然不是壞事。但一個平日太過壓抑自己的人，往往會不知道怎麼拿捏分寸，沒有辦法在考量他人立場、心情及表現自我之間取得適當的平衡。在這種情況下突然抱持強烈的自我意識，結果當然就是很容易矯枉過正。

沒有人活在世上是為了討好他人。老是在意他人對自己的評價，滿腦子只想著「不想被討厭」或「想維持良好形象」，這樣的人生實在太無趣了。應該更加誠實面對自己的心情，就算遭到討厭也沒關係。許多心理輔導的書籍都會讓人產生這樣的想法。

但是唯有原本就擁有良好心理狀態的人，才有辦法在放鬆對自我的箝制之後，依然能維持適當的言行舉止。大部分的情況，都是突然冒出「我不想再忍耐」的念頭之後，忽然變得任性又自私，對自己的慾望毫不掩飾。

一旦遭「被討厭的勇氣」這句話迷惑心靈，就必須背負這樣的風險。對於活在束縛之中的人而言，「被討厭的勇氣」這句話在某些時候確實能發揮救助的效果。但有些時候，這句話也會成為徹底破壞人際關係的惡魔誘惑。如果不事先提高警覺，很有可能會讓事態變得一發不可收拾。

第3章
什麼是「社交焦慮」？

社交恐懼的心理狀態

有些人在現實生活中沒有什麼朋友，有些人則與朋友維持著良好的關係。但是不論是何種情況，每個人都或多或少抱持著人際關係上的焦慮感。

對交談行為的焦慮感正是最好的例子。當一個人要與另一個不認識或不熟的人見面時，內心會不由自主產生「不知道能不能談得來」、

「不知道該談什麼話題」、「不知道會不會說出不適當的話」之類的焦慮，因而在還沒有見面前就開始緊張。

此外也會擔心自己是否能讓對方抱持好感。希望受到他人喜歡是人的天性，沒有人會希望得到他人的負面評價。但沒有人能在這種事情上抱持絕對的自信，「他會不會對我有好感」、「他會不會討厭我」、「他會不會覺得我很煩」之類的焦慮便油然而生。如此一來，對於對方的言行及態度就會變得非常敏感。

除此之外，也會擔心能不能獲得對方的理解。自己每說出一句話，就會開始抱持「不曉得他能不能認同」、「他會不會覺得我是個怪人」、「他要是開始躲我，我一定會很受傷」之類的煩惱，就算心裡有什麼想說的話，也不敢隨便說出口。

像這些在人際關係上的焦慮，統稱為「社交焦慮」（Social

anxiety）。

心理學家巴斯（Arnold Buss）認為社交焦慮是一種承受他人視線時的不適感，而且具備以下幾種心理傾向。

①對陌生的環境需要花更多時間適應。

②一旦承受他人視線就無法專心工作。

③個性非常害羞。

④在眾人面前說話會感到不安。

⑤在人群裡很容易感到疲累。

我相信有很多人應該會覺得自己所有項目都符合。

事實上當我將前面提到的三種焦慮理由告訴學生時，大多數學生的反應都是非常認同，紛紛表示「簡直像在說我」。接著我把巴斯提出的五項心理傾向告訴他們，他們也說幾乎每一項都符合自己的情況。

心理學家施倫克與利里（Schlenker & Leary）認為所謂的社交焦慮，源自於現實中或想像中的社交場面上，來自他人的實際評價或想像中的評價。

跟巴斯的定義相比，施倫克與利里的定義更加貼近社交焦慮的心理機制了。簡單來說，當一個人開始擔心來自他人的評價高低時，內心會產生焦慮，這就是所謂的社交焦慮。

社交焦慮越強，當事人就會越害怕社交場面，並且會試圖加以迴避。因為處於焦慮狀態的關係，所以對於他人的一言一行都會做出負面的解讀，而且很容易因此而受到傷害。因為試圖迴避社交行為，所以無法坦然表現自我，難以建立在必要的時刻能夠獲得幫助的深厚關係。

我經常演說關於社交焦慮的議題，因此很多人前來向我求助。他們會對我說出平日生活中的一些感受，並且主張自己有著嚴重的社交焦慮問題。不管演說的對象是學生、新手媽媽，還是參加企業研修的公司職員，我都會收到類似的回應。以下節錄一些他們的實際感受。

「在學校的時候，我總是很緊張，擔心如果有人跟我搭話怎麼辦。」

「從前每次升學或重新編班的時候，我就會擔心沒辦法適應。如今我已出了社會，還是沒有辦法習慣這種事，很擔心在新的職場環境裡沒辦法和同事們好好相處。」

「我不敢主動約朋友出去玩，因為怕遭到拒絕。」

「不管是從前讀高中的時候，還是現在上了大學，只要一組成小團體，大家好像都只會跟小團體裡的人往來。可見得大家都有很強的社交焦慮。」

「因為太在意他人評價的關係，我總是不敢表現出真正的自我。」

「我總是在擔心別人不喜歡我，害怕被討厭的感覺。」

「為了在他人眼中維持良好形象，我總是勉強自己配合他人。為了不被當成一個無趣的人，我總是拚命找話題聊天。」

「當我發現聊天的對象沒什麼反應時，我就會擔心是不是跟自己聊天太無趣。這時我會變得很沮喪，反而讓氣氛變得更僵。」

「我常擔心如果說錯了話會被討厭，甚至遭到排擠，所以總是在煩惱不知道該說什麼。」

「我對自己沒有自信，有很多話想說卻不敢說，因而累積了很多壓力。」

「我在太過不安的時候會流很多汗，而且會變得很焦躁，缺點全都被看得一清二楚。」

有些人則原本以為自己是個八面玲瓏的人，和任何人都能處得很好，直到得知了何謂社交焦慮之後，才驚覺自己原來也有這樣的一面。他們會發現自己也常因過度遷就他人而感到疲累，只是過去從來沒有意識到。

由此可知，抱持社交焦慮問題的人真的非常多。我在前一章也提過，那是因為很多人都強烈希望「別被他人討厭」。一旦「說這種話可會被討厭」的憂慮太強，就會變得不敢說出真心話，遇到不開心的事情也不敢表達。這種不希望被討厭的不安，其實就是「擔心遭到拋棄」的不安。

身在朋友群中卻無法真心快樂

因為太過在意，所以和朋友在一起時沒辦法打從心底感到快樂。

「如果是跟陌生人交談時感到疲累還可以理解，為什麼我連跟朋友說話也覺得很累？我是不是有什麼問題？」有些學生是基於這樣的煩惱而來向我求助。

「和朋友在一起，照理來說應該是很開心的事情才對。但是對我來說，疲累的感覺卻比開心的感覺更強。因為我總是會擔心我說的話或我的態度會造成朋友的不快，所以每次說話或採取行動前都會猶豫很久，這讓我覺得實在很累。每次一回到家，我就會累得好一會兒動彈不得。為什麼明明只是跟朋友說話，對我來說卻是這麼耗費精神的事？為什麼我明明已經這麼謹慎小心了，卻還是交不到好朋友？是不是因為我有些問題？最近這樣的煩惱越來越強，我跟朋友的關係也越來越僵，我真的不知道該怎麼辦才好……」

抱持著這種煩惱的學生，因為覺得這樣的生活實在太痛苦，所以很想改變自己。

但其實只要仔細想一想就能明白，因朋友的反應而時喜時憂，或是太過在意朋友的反應而感到疲累，這是每個人或多或少都曾有過的經驗，實在稱不上異常。就算是覺得和朋友相處很開心的人，必定也會在意朋友的反應。

為了不傷害朋友，會仔細挑選用字遣詞；如果發現朋友因自己說的話而表現出不悅神情，會趕緊找些話來安撫朋友的情緒；如果朋友露出興致索然的態度，會趕緊改變話題。一旦維持太久的沉默，氣氛變得尷尬，會產生想要趕快找到話題的心理壓力。這些都是與人相處上不可或缺的體貼之心，絕對不是什麼異常的症狀。

問題只在於當這份體貼之心太過強烈時，會變得無法感受到與朋友相處的樂趣。太過在意對方的想法，會變得不知道該說什麼才好。每次與人相處都要耗費大量心神，會漸漸產生想要逃避人際關係的念頭。為了不造成這些結果，一定要先認清何謂社交焦慮，以及掌握舒緩焦慮的技巧。

擔心言行舉止不適當的不安

社交焦慮問題較嚴重的人，還有一個通病。那就是兩個人相處勉強還應付得來，但極度不擅長處理人多的場合。光是人太多，就會感到心神勞累，就算是原本應該很開心的聚餐，也會完全開心不起來。

不過這也算是任何人或多或少都會有的心理現象，只要不是太嚴重，基本上不算什麼大問題。因為我們每個人都有著盡量配合他人的習性，會刻意避開可能傷害對方的話題，且盡可能不違背對方的期待。在與人相處的過程中，每個人都會抱持這樣的想法。

每個人的感受能力及價值觀都不相同，喜歡的話題及視為禁忌的話題也大相逕庭。因此當人數眾多時，自己必須隨時注意每個人的反應，並且隨之調整自己的言行，這當然是非常勞心費神的事。

像這樣的事情，每個人都在做。問題只在於社交焦慮問題較嚴重的人，雖然會觀察周遭眾人的反應，卻沒有自信能夠正確解讀，因而容易導致說出不適當的話，破壞了現場氣氛。當有了這樣的經驗之後，只要再次遇上人數眾多的場合，就會感到異常疲累。

隨著對象的不同，自己的表現也截然不同。有些人甚至會因此而懷疑自己具有多重人格，或是認為自己是個表裡不一的人，因而陷入自我厭惡的情緒之中。

我也遇過因這樣的煩惱而前來向我求助的學生。越是認真、耿直的人，在這種時候越會覺得自己的言行缺乏一貫性，認為自己實在太滑頭、太會見風轉舵。

但這其實並不是什麼需要煩惱的事情，依對象不同而改變自我表現方式，並沒有什麼不對。

詹姆斯（William James）是在心理學領域剛誕生的時期，寫下了心理學主流教科書的重要心理學家。他認為一個人認識多少人，就擁有多少種「社會自我」。

而事實上一個人在同一集團內的所有成員心中，通常會有著類似的形象，因此也可以解釋為一個人歸屬於多少個集團，就擁有多少種「社會自我」。說得更明白點，所謂的「社會自我」，其實就是自己在他人心目中的形象。

由同詹姆斯所提出的這套理論可知，即便是相同的人物，隨著所屬集團的不同，形象或多或少也會有所歧異。這是因為每個集團的風氣、氛圍都不相同，適合表現出的自我也會隨之改變。

比起兩個人單獨相處，與多數人同處一室所造成的疲勞感較強，談話也比較費心神，正是因為自己在每個人面前表現出的形象都不相同的關係。

跟家人相處時的自己，與在學校跟朋友相處時的自己截然不同，這應該是每個人都有過的實際體驗。在老師面前的自己，與在朋友面前的自己，當然也不會一樣。在心儀的異性面前的自己，與在無話不談的同性好友面前的自己，更是天差地遠。

因此我向來提倡「自我概念的場面依存性」觀念。所謂的「自我概念」，就類似自己所表現出的形象。自己的形象會隨著與誰在一起的「場面」而有所不同。也就是說，自我概念會對場面表現出依存性。既然如此，自己的言行舉止會隨著場合而改變，也是理所當然的事情。

依場面不同而改變自我呈現方式，亦可解釋為必須依照場面選擇最適合呈現的自我。如果做不到這一點，就沒有辦法適應各種不同的場面。也正因為如此，許多人才會擔心自我的呈現方式是否不適當。如果不管任何場面都只要維持相同的自我，那麼根本不會有人對自我的呈現方式如此牽腸掛肚。

為什麼就是無法對人敞開心胸？

坦率說出自身經驗或內心想法，在心理學上稱為「自我揭露」（self-disclosure）。現在有越來越多年輕人即使是對朋友也難以敞開心胸，因此我曾經針對「自我揭露」的抑制要素進行了研究調查。

根據研究調查的結果發現，抑制自我揭露的心理要素有以下三點。

①擔心破壞目前關係狀態的不安。

②對於深入互相理解的否定情感。

③擔心對方反應的不安。

其中①的「擔心破壞目前關係狀態的不安」，包含擔心說出太沉重的話題會破壞當下快樂氣氛的不安，以及擔心雙方深入來往會導致互相傷害的恐懼心態。

②的「對於深入互相理解的否定情感」，指的是認為人與人之間無法互相理解的悲觀心態。就算是朋友，感受能力與價值觀也截然不同，因此會認為就算說出了自己的想法或意見，對方多半也難以理解。

③的「擔心對方反應的不安」，指的則是擔心對方會認為「這傢伙真是古怪，怎麼會有這種想法」或是「何必煩惱這種事情，真是杞人憂

天」等等的焦慮心態。

一旦有了以上這三種念頭，就會變得很難對他人敞開心胸。

我曾經針對大約一百五十名的大學生做過一項問卷調查，主旨是「你是否會對平日經常聊天的朋友坦率說出內心想法？」絕大部分學生的答案都是很難坦率說出口，理由皆為以上三點的其中之一。以下節錄一些較典型的回答。

「因為會在意對方的反應，所以不敢提及私人或屬於內心層面的話題。而且我對自己的意見缺乏自信，擔心對方會覺得很可笑，所以自己的意見也不敢說出口。」

「就算想對朋友說出真心話，也會因為擔心對方無法理解而遲遲無法說出口。吐露心事是一種需要勇氣的行為。」

「我常會在意周遭其他人的想法。要說出自己的想法需要鼓起很大的勇氣。」

「雖然我知道自己太在意他人想法，但就是無法不去在意。我真羨慕那些能夠大剌剌地說出想法的人。除非是非常有自信的人，否則我認為應該很難吧。」

「不知該說是害怕遭到排擠，還是擔心大家的想法及感受跟自己不同，總之我不敢明確說出自己的想法。」

「我沒辦法老實對朋友說出想法，因為我害怕遭到討厭。」

「我擔心一旦意見不同，原本建立起來的關係會惡化，所以不太敢說出自己的意見。」

「只有極少數人敢說出自己的意見。我只敢隨著當下的氣氛發言，或是說一些讓他人開心的意見。」

「我有時會擔心自己說出口的話會惹怒對方，有時又會擔心對方會因為感受能力不同而感覺跟我難以溝通，所以每次說話之前，我都會猶豫很久。」

由以上這些例子可以看出，因為害怕破壞現在的關係，或是因為太過在意他人反應而不敢老實說出自己的意見及想法，這樣的心理狀態是大多數年輕人的共同特徵。

明明不想屈就於現狀，明明連朋友也不願意讓友情維持在只能說些空泛言詞的關係，明明想變得能夠坦率說出各種肺腑之言，卻沒有往前踏出一步的勇氣。

在這樣的心理狀態中，潛藏著前述三項要素中，①的「擔心破壞目前關係狀態的不安」，以及③的「擔心對方反應的不安」。

總是想像別人心中的自己

致力於分析社交焦慮心理機制的心理學家施倫克與利里，認為社交焦慮的本質在於「擔心自己在他人眼中有著什麼樣的形象」。對於社交焦慮的發生機制，他們建立起了一套假說。

在這套假說之中，他們為社交焦慮下了前述的定義。也就是「所謂的社交焦慮，指的是在現實中或想像中的社交場面上，因來自他人的實際評價或預期中的評價而產生的焦慮」。

說得淺白一點，所謂的社交焦慮，就是現實中的社交場合上，因想像他人如何評價自己而產生的不安，以及在即將要登臺亮相前，因想像他人將會如何評價自己而產生的不安。

他們所提倡的發生模型，為「社交焦慮」與「自我呈現」建立起了關聯。所謂的「自我呈現」（self-presentation），意思是為了在他人心中留下特定印象，而調整自身傳達的訊息，展現在他人面前。也就是為了給「別人眼中的自己」建立預期的形象，而選擇最合適的自身外在表現。說穿了，這是一種對形象的操控手段。

這套社交焦慮發生模型認為，在他人面前表現出適當形象的自我呈現慾望越強，或是自我呈現的主觀成功機率越低，社交焦慮就會越強。

依照這套模型的理論來看，當一個人希望在他人心中建立良好形象的想法越強，或是相信自己能在他人心中建立良好形象的自信心越弱，社交焦慮就會越強。

換句話說，當一個人抱持著強烈的社交焦慮，就表示這個人在他人心中的形象與本人期望的形象有所差距，或是本人認為在他人心中的期望形象難以達成，因而產生了強烈不安。

若從「自我呈現」的角度來看，當一個人抱持著強烈的社交焦慮，就表示這個人很希望在他人心中有著良好形象，但是「自我呈現」的效果不彰。換句話說，這個人沒有自信能夠讓他人眼中的自己符合自身的期望。

這背後存在著一個名為「負面評價恐懼」（fear of negative evaluation）的問題。

例如明明經常和朋友膩在一起，內心卻感到很不安，一直擔心著不知道朋友怎麼看待自己，完全無法放鬆心情。滿腦子只想著朋友對自己的評價高低，擔心朋友心中對自己抱持著負面評價，這就是所謂的「負面評價恐懼」。

當「社交焦慮」越強，「負面評價恐懼」的心理狀態就會越明顯。他人的一句無心之語或是態度上的一點變化，馬上就會解讀為負面意義，因而表現出沮喪或狼狽的反應。來自他人的視線，也全都會從負面的角度加以解讀。

例如對方其實沒有什麼特別的感覺，自己卻會擔心對方覺得自己很怪，或是對方已受到傷害。對方其實並沒有不開心，自己卻認為對方正在不開心。對方可能只是隨口說出一句話，自己就擅自認定對方已被激怒。對方可能只是表現出某種沒有深意的態度，自己就認為對方刻意不理自己或態度冷淡，因而感到沮喪。

有時甚至會陷入擅自認定遭到他人討厭或戲弄的「被害妄想」（delusion of persecution）心態。這時就會出現一種名為「敵意歸因偏誤」的心理機制。

所謂的「敵意歸因偏誤」，是一種認知上的扭曲現象，會將他人的一切言行舉止都認定為帶有對自己的敵意。例如某個人說了某句話，或是採取了某種態度，自己都會認為這代表那個人對自己帶有敵意。簡單來說，就是一種遭到了扭曲的認知傾向。

一些其他人不會在意的言行舉止，都會引起自己的情緒性反應。滿腦子只想著對方一定是討厭自己，一定認為自己很荒唐，因而陷入沮喪之中。或是認為對方正在戲弄、譏諷自己，因而勃然大怒。

例如朋友講了一句話，自己立刻站在負面的角度加以解釋，從中感受到莫須有的敵意，認定對方正在戲弄自己。朋友的無心之語或沒有深意的態度，都會讓自己感受到敵意與惡意，認定對方「想要排擠自己」或「非常討厭自己」。

「敵意歸因偏誤」就像這樣，是一種會把任何事情都以惡意角度加以解釋的錯誤認知。

當產生了「敵意歸因偏誤」之後，自己就會誤解他人的一切毫無惡意的言行，擅自陷入沮喪或憤怒的情緒之中。特別是平時對自己沒有自信，害怕被他人看不起的人，由於對「擔心遭到戲弄、輕蔑或厭惡」的不安感很強，對於他人一些微不足道的一言一行，都會產生「正在遭受戲弄、輕蔑或厭惡」的「敵意歸因偏誤」，因而變得更加缺乏自信，在人際關係上也會變得更加消極。

一邊觀察周遭反應，一邊自我監控

社交焦慮較強的人，往往缺乏適當的「自我監控」能力。

心理學家史奈德（Mark Snyder）認為，對自身的情感表露行動及自我呈現方式進行觀察並加以控制的能力，每個人不盡相同。為了說明這種個人差異，史奈德提出了「自我監控」的概念。根據史奈德的定義，所謂的「自我監控」，指的就是觀察自身的情感表露行動及自我呈現方式並加以調整的行為。

換句話說，「自我監控」是形象管理的手段之一。這個機制會在每一次的社交場合上，檢視自己的言行舉止是否適當，並根據檢視結果來調整自己的言行。

在意自己在他人眼中的形象，觀察他人對自己的言行舉止的反應，是調整自己的言行舉止使其符合當下氣氛及雙方關係的必要手段，是一種在適應環境上不可或缺的心理機能。

自我監控傾向較強的人，會比較在意他人眼中的自身形象好壞，以及自身言行舉止是否適當。因此這種人會不斷觀察他人對自己的言行舉止的反應，即便只是一點微不足道的情緒變化，也會敏感地察覺，並且隨之調整自身的言行舉止。一個擁有良好社會適應能力的人，必定擁有適當的自我監控能力。但是當自我監控能力太強，就會容易感到疲累及累積壓力。

相反地，自我監控能力太弱的人，則不太在意他人如何看待自己，以及自己的言行舉止是否符合當下的氣氛。因此這種人不太會觀察自己的所作所為，往往是想到什麼就說什麼、做什麼。

我在前文已經提過很多次，社交焦慮問題較強的人，會比一般人更加在意他人的反應，這也意味著自我監控能力很強。就這一層意義上來說，會導致在意他人目光的社交焦慮，只要不過度嚴重，其實可視為一種良好的心理機制。

但任何事情都是過猶不及。當社交焦慮太強時，自我監控能力就會過度發揮效果，導致承受過大壓力。由於過度在意自己在他人眼中的形象，所以會不斷確認自己的外在表現及周遭人物的反應。

這就像是感覺有一架監視器隨時對著自己。不管說什麼話、做什麼事，都會在意自己的言行舉止是否適當，隨時觀察著周遭人物的反應。自己的動作會變得極不自然，而且很容易感到疲累。

如此一來，社交焦慮會變得更加嚴重。社交焦慮越強，越會在意自己的行為舉止是否不適當，自我監控也就會變得越強。過強的自我監控與社交焦慮會因其相互作用而形成惡性循環。

另一方面，社交焦慮太弱的好處，則會毫不在意他人反應，能夠輕鬆自在地與他人往來相處。但壞處是就算言行舉止不適當也毫不在乎，激怒或傷害他人也完全不當一回事。簡單來說，就是極度遲鈍的人，絲毫不在意他人的不愉快或內心受傷，就算引來旁人的詫異目光也完全不會察覺。這種社交焦慮太弱的人，雖然本人會活得輕鬆自在，但絕對稱不上是良好狀態。

與社交焦慮有著密切關係的自我監控，還可以區分為兩個面向。其一是對他人的言行所代表的意義進行解釋的能力（解讀能力），其二則是對自身的言行進行調整的能力（自我控制能力）。

心理學家雷諾斯與沃爾夫（Lennox & Wolfe）建立了一套自我監控量表（self-monitoring scale），以這兩個面向分別對應「對他人表現行動的感受能力」與「自我呈現的修正能力」這兩項因子。為了說明其代表的心理傾向，以下列舉幾個測定項目（節錄自雷諾斯與沃爾夫的量表）。

〈「對他人表現行動的感受能力」因子的主要測定項目〉

- 我只要看著對方的眼睛，大多時候能察覺自己說了不適當的話。
- 在解讀他人情感及意圖上，我的直覺通常很準。

・當有人說謊時，我能從那個人的舉止立即看穿。
・對於談話對象的細微表情變化相當敏感。

〈「自我呈現的修正能力」因子的主要測定項目〉
・只要知道對方希望我怎麼做，我能夠很輕易地立即調整自己的行動。
・不論處在任何狀況下，我都能夠配合對方要求的條件採取行動。
・我不擅長配合各種人或各種情況來改變自己的行動。
（此為反向項目，即不符合情況代表自我呈現的修正能力較高。）
・我能夠依照想要在對方心中留下什麼樣的印象，而妥善調整與對方相處的方式。

有些社交焦慮問題較嚴重的人，會持續在意他人的反應，但是上述這些能力較弱，導致自我監控機制效果不彰，有時會做出不適當的言行舉止。事後才深切反省，後悔「不該得意忘形」、「不該亂說話」或是「不該拒人於千里之外」等等，陷入自我厭惡的情緒之中。惡性循環之下，又會更加在意他人的反應。

有些人則是自我監控機制發揮了良好的效果，具有敏銳察覺他人心情並隨之調整自我言行的能力，因此在人際關係上能有良好的表現。但即使是這種人，也可能會因為把大量注意力投注於觀察他人心情變化，讓人際關係上的往來相處變得相當耗神費心。

除此之外，還有很多人不擅長應付的不是面對面的相處，而是SNS（社群網路服務）上的相處。這是因為在SNS上接收不到對方的表情及語氣，難以解讀對方的反應。如此一來，原本擁有的自我監控能力無法正常發揮，就會變得不知道該怎麼調整自己的言行舉止。這種人往往會在送出訊息後，極度擔心自己的回應是否符合對方的期待，以及對方是否能正確理解自己想傳達的意思。在收到對方的回覆之前，會一直處於如坐針氈的狀態。

SNS 上經常發生糾紛，或許正是因為這種交流媒體會讓自我監控能力無法正常運作。

視線恐懼症也是因為在意他人感受

雖然社交焦慮是每個人或多或少都會有的心理傾向，但如果情況過於嚴重，就成了一種名為「對人恐懼症」（taijin kyofusho symptoms）的疾病。

對人恐懼症是一種精神官能症（Neurosis），特徵是在社交場合上會顯露出強烈的焦慮與緊張，行動會變得極不自然，且會因害怕遭他人視為異類而刻意迴避社交活動。

印度哲學研究家中村元曾說過，日本人常有對人恐懼症的毛病，理由就在於「個人」與「人際關係」兩者相較之下，「人際關係」處於較優勢的地位。因此我認為對人恐懼症正是反映出日本人心理傾向的最佳寫照。這與日本社會對人際關係有著相當大的箝制，且日本人會強烈意識他人目光的特性有著密不可分的關係。

精神醫學研究家木村敏則主張，對人恐懼症這個稱呼是日本人所獨有的少數精神疾病名稱之一，歐美語言中並不存在相對應的名稱①。

這證明了對人恐懼症確確實實反映出了日本人的心理傾向。對人恐懼症患者會極度在意自己在他人眼中的形象，因而引發種種病症，這正代表著受他人目光強力箝制的日本人心理特徵。

對人恐懼症之中的視線恐懼症，更是日本人獨有的精神官能症，其他國家的精神醫學界幾乎很少提及類似的症狀。所謂的視線恐懼症，指的是極度在意他人視線，導致對人際關係造成阻礙的病症。

典型的視線恐懼症患者，會非常在意他人的視線，交談時明知道應該看著對方的眼睛，卻因為做不到而大感苦惱。由於不敢看他人的眼睛，心裡會更擔心遭他人視為異類，社交活動變成一件非常痛苦的事。

另外還有一種症狀，則是會非常在意自己的視線。例如與人交談時，會突然開始擔心自己的眼神是不是過於凶惡，導致舉止變得極不自

①歐美國家多將類似症狀稱為「社交恐懼症」（Social Anxiety Disorder），但兩者的症狀描述有若干歧異。

然。如此一來，與他人見面也會變成一件痛苦的事。

既然會出現這些症狀，代表他人目光對日本人來說有著重要意義。正因為擔心他人對自己的觀感，才會出現這樣的症狀。如果完全不在乎他人怎麼想，當然也就不會在乎他人目光，如此一來也就不會產生視線恐懼症。就這層意義上而言，帶有適度的視線恐懼症或許不算是一件壞事。

因為這證明了自己有著一顆能夠體貼他人的心。假如完全不在乎他人的心情，不在意他人目光，行為舉止就會變得恣意妄為。當開始在意他人目光，也就是開始在意他人的心情之後，一些自私的想法才會有所節制。

第4章
「他人目光」代表的意義

就是無法不在意

我在前文中提到很多次，每個人都會在社交場合中在意他人目光。就算不是初次見面或不熟的對象，而是自己的好朋友，也是會有這樣的現象。

每次說話之前，都會煩惱「這麼說會不會讓他感到不舒服」或是「這樣的回答不知是否符合他的期待」。

在說完了話之後，又會擔心「不曉得他有什麼感覺」、「是不是生氣了」或「滿不滿意我的回答」等等。就算只是天南地北閒聊，也會在意對方是否聊得愉快，會不會感到無聊。

當雙方交情越來越好，心裡一方面覺得高興，一方面也會煩惱「該表現出多少程度的真實自我」、「他會不會覺得我是個很無趣的人」或是「他是不是已經厭膩跟我相處了」。

我常詢問學生「從什麼時候開始在意他人目光」，得到的答案通常是國中左右。那是因為人在這個時期會開始出現認知能力提升、自我意識高漲、學會自我審視、在意自己的形象等青春期特徵。

這個時期的青少年，會開始透過他人目光來檢視自身。正因為如此，才會如此在意他人目光。

就算是和朋友聊天、說笑的時候，也會非常在意自己在他人眼中的模樣。如此一來，自己可能臉上帶著笑容，內心卻感到戰戰兢兢，一點也不快樂。尤其是假如曾經有過因為太過大膽地表現自我，而遭朋友刻意保持距離的經驗，雙方的關係更是會變得非常尷尬。

即便是表面上看起來八面玲瓏的人，內心可能也有著相同的糾葛。有些學生在國中時是班上的風雲人物，相當受到朋友羨慕，實際上卻只是拚命扮演著自己設定的角色，不敢表現出真實自我，因而感覺活得相當痛苦。

有些人在國中、高中的時候，感覺自己的價值會隨著與誰在一起而不同，因而拚了命討好「自己並沒有特別喜歡但在班上很受歡迎」的同學。雖然因為這樣而平安度過了國中、高中生活，但長大後回頭想想，自己一直汲汲營營於毫無意義的朋友關係，感覺實在很空虛。

真正做自己該有多自在

每當看到那些能夠毫無顧忌地表現出真實自我，而且與任何人都能立即卸下心防、建立情誼的人，心裡就會羨慕得不得了。相信有這種感覺的人應該很多吧。

但既然會羨慕，代表自己與那些能夠表現出真實自我的人，有著截然不同的感受性特質。這一點自己當然也是心知肚明。雖然很想改變自己，卻是力不從心。

真的可以說這句話嗎？應該表現出多少程度的真實自我？每當自己說出這樣的煩惱，朋友總是會說「你想太多了」、「別那麼在意」。

這些自己當然也很清楚。但如果能夠說不在意就不在意，天底下就不會有那麼多痛苦的人了。即使理性不斷告訴自己「別想太多」、「別那麼在意」，還是會不由得牽腸掛肚，沒辦法表現出最自然的一面。痛苦正是在這種時候油然而生。

明知道朋友這麼說也是基於一片好意，內心卻忍不住想要加以反駁。嘴巴上說著「對啊，我真的是想太多了」，內心卻在吶喊著「我就是做不到」、「別拿我跟你這種粗線條的人相提並論」或是「你這種無憂無慮的人是不會理解的」。

為什麼會想要反駁？當然有一部分動機是忌妒有些人能夠妥善調適心情而不牽腸掛肚，但那並非唯一的原因。

事實上這種人一方面想著「如果能夠不在意他人目光該有多好」，另一方面卻又對毫不在意者的言行舉止抱持否定的觀感。他們心裡會想著：「那是正確的處世方式嗎？不，當然不是。」

無法客觀觀察自己的人所表現的異樣感

過度在意他人目光而無法表現得自由自在，代表自我監控機能不正常，自己箝制了自己的言行。但另一方面，毫不在意他人目光，其實也是另一種形式的自我監控機能不正常，意味著缺乏客觀審視自我的基本心態。

雖然同樣是自我監控機能不正常，狀況卻是完全相反。有些人就是不會察言觀色，想到什麼就說什麼。有時說出一些傷人的話，周圍的人可能反而急得直跳腳，心裡暗叫「怎麼這麼口無遮攔」。但是失言者本人卻是絲毫不知悔改，繼續肆無忌憚地說著。

旁人見苗頭不對，刻意改變話題，他可能還會把話題再拉回來，完全沒有察覺場面已非常尷尬。旁人如果迫於無奈，提醒了一句「說這種話不太好」，他可能還是會執迷不悟，回應一句「為什麼不能說」。

說得好聽點是天真耿直，說得難聽點就是不解風情與任性自私，總是令周圍的人搖頭嘆氣。

就算沒有傷到人，也有可能說出一些不能被外人知道的事情。例如在電車裡，一般人都知道不能隨便說出個人資料。尤其是現在這個年代，只要拿起手機，馬上就可以搜尋，或是將訊息傳送出去。不小心說出個資或個人隱私，是一件非常危險的事。

然而偏偏就是有人會毫不在意地說出同伴的學校名稱、姓名、雙親職業，甚至是居住地區或離家最近的車站。就算同伴刻意岔開話題或含糊其辭，他們可能還是會繼續追問：「咦？我說錯了嗎？難道你搬家了？」

像這種無法藉由觀察旁人反應來檢視自身行為適當性的人，往往會引來旁人的無奈眼神。

過度在意旁人反應而無法展現自我的人，是自己活得很痛苦。相較之下，完全不在意旁人反應的人，雖然本人活得無憂無慮，卻會造成旁人的困擾，所以也絕對稱不上適當的狀態。

即便是心裡想著「如果能夠不在意他人目光該有多好」的人，在實際看到那些極度缺乏自我監控機能的人之後，也會產生「我可不想變成那樣」的想法。除了啼笑皆非之外，有時還可能因那過於少根筋的言行舉止而自己生起悶氣。

相互依存的關係性人格

極度在意他人想法及期許的人，常被批評「缺乏自主性」或「缺乏主見」。但這其實是以歐美人的人性觀為基礎的批判。

心理學家東洋認為將重視他人的想法視為不成熟，是歐美人的心態。實際上應該將「強化自己與他人的關係，讓自己融入人際關係之中」也視為一種心理的發展方向。

「（前略）存在於我們心中的職責社會性與他人重視性應該比歐美人要強得多。我認為要正確認知這些特質，就必須先拿掉在脫亞入歐式的近代化過程中產生的有色眼鏡。

「例如日本人的『他人重視性』，或許在某些人眼裡，與自我的不成熟是一體兩面的事情。但是與他人徹底切割才是成熟度較高的自我狀態，這種想法完全是奠基在開拓型社會的價值觀之上。逐漸提高自我的獨立性確實是自我發展的方向之一，但強化人際關係並融入其中應該也可視為另一種發展的方向。以價值而言，兩種方向理應沒有高低之分。」──（東洋《日本人的教養與教育──以發展的日美比較為基礎》東京大學出版會）

此外，心理學家馬庫斯（Hazel Markus）與北山忍所提出的文化自我觀中，也包含了相關議題。

例如當要求一個人舉出自己的特徵時，美國人大多會舉出屬於自己本身的特徵，例如個性積極，或是擅長各種運動等。但是大部分的日本人，卻會說出自己的社會身分、地位，或是自己與他人的關係，例如跟母親感情很好，或是在家中是長男等。

因此馬庫斯與北山忍認為歐美文化中有著每個人在本質上皆為獨立個體的信仰，因此會要求每個人都應該與他人切割，發揮自己所獨有的特質。然而這並非普世的價值觀。

像日本文化這樣的非西歐文化，每個人會把自己與周遭環境一同視為社會結構的一部分，所有的行動都必須在觀察所有相關人士的思考、感情及行為後才能決定。雖然不否認每個人都擁有自己的獨特性，但置身在什麼樣的人際關係之中，也包含在獨特性的範圍之內。

由此可看出日本人與美國人在人性觀上的差異有多麼巨大。馬庫斯與北山忍將美國人的獨立性自我觀，與日本人的相互依賴性（或譯為相互協調性）自我觀做了這麼一番對比。

在獨立性的自我觀中，每個自我都會被視為與一切他人或狀況等社會關係徹底分離，成為不受影響的獨立個體。相較之下，相互依賴性的自我觀，則將每個自我視為與他人或狀況等社會關係緊密結合且深受其影響。

此外，在獨立性的自我觀中，個人的行為是依循內在條件而決定。相對於此，相互依賴性的自我觀中，個人的行為是依循自己與他人的關係及周圍環境狀況而決定。

此外還有一點，在獨立性的自我觀中，提升自尊心的方式是開發自我的內在能力並獲得讓自己滿意的成果。相對於此，在相互依賴性的自我觀中，提升自尊心的方式是與具有關聯性的他人建立良好關係，並且充分肩負起社會職責。

由此可知，在獨立性的自我觀中形成自我意識的美國人，與在相互依賴性的自我觀中形成自我意識的亞洲人，自我的心理狀態可說是截然相反。

活在「人與人之間」

「在意他人目光」這種說法一聽就讓人覺得是缺點，但若改說成「關心及體貼他人」，馬上就變成了優點。

若站在歐美人的立場來看，一個人因受他人目光影響而不敢說出內心想法，代表這個人不是個能夠自立的獨立個體，這是個缺點。但若站在日本人的立場來看，一個人不在意他人目光，想說什麼就說什麼，代表這個人不懂得體貼他人，這才是個缺點。

由此可知，若從日本人的角度來看，在意他人目光不僅不是一件壞事，而且還是一件必要的好事。為什麼會出現這樣的價值觀？我認為這關係到我們每個人都是活在「人與人之間」。

在日語之中，「人間」的意思與「人」相同。為什麼會有這樣的語言現象？我在《「自我風格」是什麼？》（筑摩 primer 新書）一書中，介紹了哲學家和辻哲郎所提出的這個疑問與其闡述的觀點，以下稍微簡單說明。

和辻首先提出了這樣的質疑：為什麼日語會以「人間」這個詞來代表「人」？為什麼要特地在「人」的後面加上「間」？「人之間」為什麼會變成「人」的意思？

和辻進一步強調，不管是在德語、法語、英語，還是華語之中，都沒有像這樣把「人」與「人間」混為一談的用法。我在前文提過的印度哲學研究家中村元，也曾針對漢譯佛典中的「人間」一詞，追溯其在梵語及巴利語原典中的意思。根據其調查的結果，「人間」一詞的原意為「人與人之間」或「眾人居住之地」，完全沒有「個人」的意思。

那麼，為什麼原本代表「人與人之間」的「人間」，到了日語之中會變成「人」的意思？事實上從這個現象中，便可看出日本人的自我意識特徵。

在和辻的著作中，對於「人間」的概念有著以下解釋：

「人不僅存在於『人之間』，更存在於『自』『他』及『世人』之間。如此一想，有一點便呼之欲出，那就是人既為『自』亦為『他』，是早已奠基於人與人之間的關係之中。當人際關係受到了限定，才會誕生『自』及『他』。」

「人是在世間為人，世間的全體性在人的身上重現，因此人又稱為人間。」（以上兩段皆摘自和辻哲郎《作為人間之學的倫理學》岩波書店）

由此可知，對日本人而言，不管是自己還是他人，都不是打從一開始就存在的概念。必須要置身在具體的人際關係之中，才能確立自己與他人的型態。

大部分的文化都有著「個人」的觀念，但這樣的意識在日本人心中是較為稀薄的。不管是自己或他人，都不是以「個人」的方式存在，而是存在於相互的關係之間。因此才會產生「人」＝「人間」＝「人之間」＝「間柄②」這樣的語義結構。

我把日本的文化視為「關係的文化」，理由也是在此。日本人都不是以個人的方式存在，而是不斷關心他人感受，存在於關係之中。正因如此，才會這麼在意他人目光。

依對象而呈現不同的自我

相信應該有很多人曾聽朋友說過「你給我的印象跟當初剛認識時完

全不同」這種話吧？隨著交情逐漸變深，每個人都會逐漸呈現出較真實的一面，如此一來形象當然也會大相逕庭。

不過，就算不是初次見面，而是相當熟悉的對象，有時也會隨著自己與對方的關係而改變自我的呈現方式。例如經常聽到「高中朋友面前的自己」與「大學朋友面前的自己」不太一樣的說法。除此之外，在打工職場的自己與在家裡的自己，多半也會有些差異。

通常在家人面前的自己，與在好友面前的自己會有極大的差距，但到底哪邊才是最真實的自己，恐怕連自己也說不出個所以然來。與班上同學相處時的自己、參加社團活動時的自己、與家人相處時的自己、打

②關係之意。

工時的自己……明明每個都是真實的自己，相互之間卻有著些微的差異，有不少人因此而感到很不可思議。

我在第三章談到「擔心言行舉止不適當的不安」時，曾經介紹過我所提倡的「自我概念的場面依存性」觀念。

這個觀念簡單來說，就是自己的形象本來就會隨著場面而有所不同。說得更明白點，是容易呈現的自我形象會隨著場面而有所差異。我們也可以把這個現象，視為在每個場面上，自己與每個對象的不同關係會誘發出不同的自我。

對活在關係之中的我們而言，不可能抱著行為舉止永遠只要一套模式的自我中心想法。我們會在與人相處的過程中，不斷揣測「如果表現出這樣的自我，對方會有什麼反應」，一邊觀察著對方的反應，一邊評估該表現出什麼樣的自我。

如果面對的是不熟悉的對象，判斷的標準往往較難衡量，如此一來就會不知道該表現出什麼樣的自我，導致心情緊張及舉措不自然。因此與第一次見面的對象說話往往是件苦差事。

從另一方面來看，正因為我們必須配合對方來決定自我呈現方式，所以在每個場合中呈現出的自我會不盡相同。因此我們可以說，自我是在受到他人誘發之後才會產生的現象。

正因為如此，才會有人說「邂逅一個新的朋友，就是邂逅一個新的自己」，或是「當建立了友情或愛情的深厚關係，將會發現新的自己」。這些說法皆印證了自我會受他人所誘發。

有社交焦慮現象的人，反而能維持好的人際關係

當社交焦慮處於較強的狀態時，往往容易產生負面的情緒。如果我說這樣的狀態較能夠維持良好的人際關係，應該有很多人會感到難以置信吧。然而這已獲得了心理學上的驗證。

根據種種研究所得到的結論，當一個人處於焦慮狀態時，做事會比較謹慎小心，如此一來就會比較在意他人感受，對人際關係有著正面幫助。相反地，積極樂觀的情緒往往會誘發過於隨便或強硬的相處態度。這樣的說法，相信應該很多人能認同才對。

心理學家福卡斯（Joseph Paul Forgas）藉由實驗，證明了包含焦慮在內的負面情緒，會帶來許多人際關係上的好處。簡單來說，抱持負面情緒的人較貼心、有禮貌，且在處理事情時能夠較細心。

例如當想要拜託他人某事時，為了讓對方願意幫忙，懇求時應該要揣摩對方的心情，並且表現出適當的恭謹態度。根據研究結果顯示，焦慮感較強的人，比較會謹慎地預測對方的反應，採用較為有禮貌且較高明的懇求方式。相較之下，積極樂觀的人在懇求時則往往顯得失禮，或是過度強調自我主張。

在一場請實驗對象到隔壁辦公室商借資料夾的實驗裡，抱持平常心的人比起抱持正面情緒的人，在手法上恭謹而高明一些，抱持負面情緒的人又比抱持平常心的人恭謹而高明一些。

從這些實驗結果可得知，當抱持負面情緒的時候，心態會比較慎重，懂得考量他人心情，會為了不造成他人反感而調整自己的用字遣詞。因為這樣的緣故，人際關係當然也會經營得比較妥善。

不僅如此，還有一點或許會讓很多人感到意外，那就是社交焦慮與感同身受的能力有著密不可分的關係。

心理學家奇維・艾罕尼等人曾就社交焦慮與共感能力的關係進行過調查與實驗，發現社交焦慮問題較嚴重的人，對他人心情的共感能力較強，而且依據他人表情研判其心情的能力也較高。

由此可知，焦慮感較強的人通常較為謹慎，因此在社交場合上，較容易具有慎重觀察他人心理狀態的心理特質。由於十分在意他人的感受，通常也較能應對得宜。

相較之下，如果一個人完全感受不到焦慮，個性往往會大而化之，在社交場合上不會仔細觀察他人的心理狀態，因此也容易產生一廂情願的想法而不顧他人感受。

例如一個社交焦慮較強的人，在對他人說出一句話之前，內心會產生「這麼說真的不要緊嗎」、「對方聽了可能會不舒服」、「可能會把對方惹怒」、「最好避免太自以為是的說詞」、「為了避免遭到誤解，用字遣詞要小心」等等念頭，在表達上會加倍謹慎小心。

相較之下，沒有社交焦慮狀況的人，則完全不會在意對方作何感想及有何感受，就算是少根筋的話也能夠說得肆無忌憚。因此可能會造成他人不快，傷害或惹怒他人，導致人際關係出問題。

如此說起來，社交焦慮較強也不算是壞事。我們不能否認很多時候是多虧有了社交焦慮，我們才懂得關心他人感受，人際關係也才能更加圓滑。只要看看你的身邊，不難發現那些說話肆無忌憚的人，往往在社交場合上顯得格格不入。

接受性的聆聽文化

大多數的人在與他人交談時，就算不太能認同對方的論點，通常也會一邊點頭一邊聽下去，不太會立即反駁「我覺得你這麼說不對」。尤其是在與外國人交談時，這樣的態度很容易引來誤會。

我在前文提過的心理學家東洋，曾經說過一段當他在進行日美比較研究時，日本研究人員的態度引來美國研究人員誤解的往事。

根據他的描述，美國人在與日本人共事時經常感到心浮氣躁，理由就在於很多事情美國人以為確定了，日本人卻會在事後提出其他方案。

但是站在日本人的立場來看，在討論事情的時候，立即反駁對方的論點是相當失禮的行徑。就算心裡不認同，也應該一邊點頭一邊仔細聽到最後，確實理解對方的想法。等過了一段時間，才以較委婉的表達方式提出不同的提案。然而對美國人來說，當自己提出一個主張而沒有遭到當場反駁，就代表對方同意了。據說在雙方理解這個思考習慣的差異之前，發生了好幾次摩擦。

東洋認為這樣的隔閡應該可以用更專業的心理學角度來說明理由。他引用了馬庫斯在閒談中說過的這麼一段話：「美國人在聆聽他人說話時，腦袋裡總是裝滿了自己的想法，但日本人則會騰出一些空白的空間。」

換句話說，美國人在聆聽時，習慣隨時把接收到的想法與自己的想法進行比較，也就是隨時隨地都在進行「YES」或「NO」的確認。相較之下，日本人則不會設置這樣的檢測閘門，而是會先把接收到的想法暫時存放在腦袋的空白空間裡，等到事後才拿出來與存放在其他地方的自身想法比較。

因為這樣的差異，當日本人一邊點頭一邊聆聽的時候，美國人會以為日本人贊成自己的想法。但日本人在那當下頻頻點頭，只是示意已經理解對方想法且存放進腦袋裡了，並沒有表達贊成的意思。

日本人會使用這樣的聆聽方式，原因就在於日本人認為應該先對說話者的立場表達尊重之意。這樣的顧慮，正是來自於重視他人目光的心理特質。

像這樣互相包容的相處方式，能夠建立起不互相批評及傷害，充滿了關懷之情的人際關係。那些推崇自我主張的社會，向來總是紛爭不斷，正是因為他們完全不在意他人目光。

在意他人目光，也是一種禮儀的展現

日本觀光客在外國向來有著相當好的風評。全世界最大規模的線上旅行社Expedia（智遊網），在二〇〇九年曾以歐洲、美洲（包含北美與南美）及亞太地區的飯店經理為對象，進行過一次各國觀光客的評價調查。根據調查結果，在全部共九個項目之中，日本人在「守規矩」、「有禮貌」、「乾淨」、「安靜」及「少抱怨」這五個項目中名列第一，綜合評價亦是第一名，獲選為全世界最佳觀光客。

相反地，在日本國內，每當日本人看到外國觀光客那旁若無人、我行我素的言行舉止，心裡多半會想著「如果是日本人，絕對不會那麼自私任性」。

從訪日外國人所留下的筆記文獻來看，打從遙遠的古代，日本人就是個內斂、守禮、不具攻擊性、凡事盡可能和平解決的民族。

例如與坎普弗爾（Engelbert Kaempfer）、西博德（Philipp Franz von Siebold）合稱「長崎出島[3]三學者」的瑞典植物學家通貝里（Carl Peter Thunberg），曾在一七七五～七六年旅居日本，他在後來撰寫的遊記裡詳細記錄了對日本的印象。

根據他的描述，世界上沒有任何一個國家的國民能像日本人這麼守禮。孩童從小就被教導要順從尊長，年長者也會以身作則。每個人不僅對身分較尊貴或居上位的人恭謹有禮，而且就算是身分對等的人，在相遇、道別、登門拜訪或告辭的時候，也一定會恭敬地互相行禮致意。

此外，當一些與日本人做生意的歐洲人使用了卑劣手段或有欺騙行為的時候，如果是歐洲人遇上了，一定會表現出最強烈的輕蔑、憤恨與警戒。但反觀日本人在遇上類似的狀況時，卻表現得極為寬宏大量，屢屢令通貝里嘖嘖稱奇。

如果將時代繼續往回推，在相當於安土桃山時代的一五七九至一六〇三年之間，曾經三度造訪日本的義大利傳教士范禮安（Alessandro Valignano），也留下了對日本人讚譽有加的文獻紀錄。他聲稱每個日本人都非常有禮貌，就連一般平民百姓或勞工也表現出極高的教養，宛如宮廷裡的侍從，令他驚嘆不已。他更強調日本人的守禮程度別說是其他東洋民族，就連歐洲人也遠遠不及。

此外范禮安更記載，日本人厭惡一切言語上的侮辱，因為從不口出惡言，所以日本社會相當平靜祥和，極少發生爭吵。就連孩童也極少說

③出島：日本江戶幕府在十七世紀建築於長崎港內的人工島，在鎖國政策期間，出島曾是唯一對西方國家開放的窗口。

出粗魯難聽的話，也不像歐洲孩童那樣會互相打巴掌或揮拳頭。

孩童之間在說話時也是客客氣氣，冷靜而穩重的模樣簡直不像是孩童，相互之間的應對進退從不失禮數。這幾乎是令人難以置信的事。雖然日本人在很多方面都劣於歐洲人，但不能否認在優雅、守禮與理性上，日本人是比歐洲人更加優秀的。

為什麼日本人會這麼有禮貌？那正是因為日本人相當在意他人目光，心中會警惕自己「不能丟臉」、「不能做出會讓人在背後指指點點的事」或是「不能活得這麼窩囊」。

日本人常以在意他人目光自嘲，但事實上不在意他人目光才更糟糕。當一個人不在意他人目光，往往會做出肆無忌憚的行徑。

當然同樣是日本人也會有所差異。任性妄為、紛爭不斷的日本人也不少。但在比例上較歐美人少得多，卻是不爭的事實。不想做出令他人搖頭的窩囊行徑，是日本人的共同感受。正是這股感受阻止日本人做出任性妄為的舉動。日本社會能夠擁有世界上最好的治安，建立如此高度的社會秩序，原因也在於此。

第5章 活用他人目光、緩解社交焦慮的方法

適度在意就好的技術

我在前一章中談到了在意他人目光的種種好處，但世界上任何事情都是過猶不及。對他人目光的適度在意，是對他人表現體恤之心、維持良好人際關係的訣竅。

完全不介意他人目光的人，由於自我監控的機能無法正常運作，所以很容易帶給他人不悅感或無奈感，在社交場合上顯得相當突兀。但如

果太過在意他人目光，則會讓自己活得很痛苦，而且不自然的舉動也容易讓他人產生避而遠之的行為。

沒錯，你相當在意朋友。但你在意的是朋友怎麼看待你這個人，而非朋友的一切言行舉止是否適當。你在意的是朋友眼中的自己，而非朋友本身。

關心自己而不在意他人，是非常正常的事。這也意味著他人在意你的程度，絕對比不上你自己。

因此就算當你覺得朋友的態度有點冷淡，也不必馬上就擔心「我是不是惹他不開心了」、「他是不是討厭我了」或是「他是不是覺得和我在一起很無聊」。

你只要想著「或許他有什麼煩惱，所以心不在焉」或是「他可能只是覺得很煩，沒有心情和我聊天」就行了。如此一來，自己就不至於這麼牽腸掛肚。

不要以為只有你在意，其實對方比你更在意

另外還有一點，你應該記住，並不只是你在意對方，其實對方也會在意你。

在「關係的文化」中建立自我意識的日本人，在人際關係上有持續警惕自己「不能說出傷害對方的話」、「不能讓對方感到不舒服」「不能讓對方感到枯燥無趣」和「不能造成對方負擔」的習性。

因此當你在意對方的同時，對方也會在意你。換句話說，對方的狀況跟你是一樣的。

當你擔心著「不知道對方會怎麼想」、「不知道是否對自己抱持好

感」和「跟自己說話不知道會不會很無趣」的時候，對方其實也在擔心著相同的事情。

這是很重要的一點。你應該試著站在對方的立場思考，而不是從頭到尾只想著自己。你就會發現對方跟自己一樣有著社交焦慮的煩惱，而且非常在意自己。這時你應該做的事，是設法緩解對方的社交焦慮。

該怎麼緩解？只要知道對方的狀況跟自己一樣，答案應該就呼之欲出了。自己先表現出友善或樂在其中的態度，相信就能有效緩解對方的社交焦慮。

當心裡一直有社交焦慮帶來的不安，滿腦子只想著「我這個人太無趣，他跟我在一起一定覺得很無聊吧」、「如果不趕緊說一些機智妙語，他一定會覺得我是個無趣的人」、「我可不想不小心說出真心話，結果被當成怪人」、「不知道該跟他說什麼」、「不想被看輕」、「不想被瞧不起」、「不想被認為是個討厭的傢伙」等等，當然會無法表現出真實的自己。

然而一直維持著光鮮亮麗的一面，而不敢表現出真實的自我，畢竟是件痛苦的事。一來強顏歡笑相當累人，二來不敢表現自我會造成心理上的負擔。

有些人覺得自己說話老是在譁眾取寵，真正在意的事情卻不敢說，因而覺得很空虛，這也是一樣的道理。這樣的相處方式，很難交到真心的好朋友。

而且一旦自己刻意裝模作樣，對方也會忍不住跟著裝模作樣。就好像一邊是華麗高雅的盛裝打扮，另一邊的穿著如果太居家休閒，就會產生格格不入的感覺。

對方不放下身段，自己也難以放下身段；對方不敞開心胸，自己也難以敞開心胸。如此一來，就會一直維持在過度在意、過度做作、過度拘謹的狀態，這樣實在太累了。

要怎麼樣才能擺脫這樣的束縛？答案就是大膽往前踏出一步。只要鼓起勇氣拿掉面具，對方也會拿掉面具。有了較深的交情之後，往往會發現原來之前的煩惱都是杞人憂天。

自我揭露被視為是一種釋出善意與信賴的行為。而且心理學上的研究已經證實，當一方開始自我揭露時，另一方會感覺到「他對我有好感」、「他很信賴我」，這時不僅會很開心，而且也會以自我揭露來作為回報。

既然對方跟自己一樣抱持著社交焦慮的煩惱，為什麼不藉由自我揭露來化解對方的不安？大多數的情況下，只要鼓起勇氣表現出真實的自我，通常都能獲得善意的回應。

每個人都會社交焦慮

社交焦慮是大多數人的通病。或者應該說，只要是生活在「關係的文化」中的人，全都有著社交焦慮的問題。光是記住這一點，相信應該就能讓很多人感覺心情輕鬆不少。

很多人原本有著「我好像有點奇怪」、「是不是得了精神官能症」、「是不是患有溝通障礙」、「我討厭這樣的自己」之類的煩惱，直到得知很多人跟自己一樣之後，頓時感覺如釋重負。

每當我跟學生們聊起社交焦慮的話題，學生們在得知這是大多數人共通的心理特質後，都感到鬆了口氣。以下節錄一些他們的實際感想。

「原來別人也會擔心他人對自己的看法，並不是只有我而已。一想到這一點，我就感覺輕鬆多了。原來是我自己太悲觀，以為自己不正常。」

「剛聽到每個人都有社交焦慮的問題時，我著實嚇了一跳。因為我的社交焦慮很強，這讓我有種得救的感覺。」

「原來全日本有這麼多人有著跟我一樣的心理感受，這讓我感覺安心多了。知道這一點之後，我感覺以後可以更積極與他人往來。」

「別人也很在意我。擔心我覺得他很怪，擔心讓我不高興，擔心被我討厭，擔心我覺得很無聊，而且也會因為無法表現出真實自我而自怨自艾。抱持這樣的想法，是互相敞開心胸的重要關鍵。」

「原來不僅是我，別人也會有社交焦慮的問題。仔細想想，只要我鼓起勇氣搭話，對方通常都會露出開心的表情。以後我會更加意識到別人的焦慮，積極跟別人講話。」

「別人也跟我一樣有著社交焦慮的問題，所以我不應該只顧著自己的焦慮。如果我能夠緩解對方的焦慮，雙方都能夠安心地表現出真實的自己。能夠想通這件事，對我來說相當重要。以後當別人在說話的時候，我會盡量多點頭，多露出笑容，多表現出真實的自己，來緩和別人的焦慮。」

並不是自己不正常。每個人都有著社交焦慮的問題。只要抱持這樣的想法，心情就會變得輕鬆，與朋友的往來相信也能變得更加積極。

看著他人，不要看著他人目光中的自己

社交焦慮較強的人，會非常在意他人的想法。當然體恤他人是維持

良好人際關係的重要關鍵，但如果社交焦慮太強，可能會發生「自以為很在意對方，其實心裡只有自己」的狀況。

我在本章開頭就曾提過，這代表自己真正在意的不是對方，而是對方眼中的自己。說穿了，就是滿腦子只想著自己，卻對對方漠不關心。正因為有這樣的心態，才會非常在意自己在他人眼中的形象。

有很多人明知道自己正是因為太在意他人目光才會產生社交焦慮，卻無法自我克制，無法要求自己別再在意他人目光。因此到頭來，社交焦慮是自我意識的問題。

我自己是個很粗心的人，有時甚至會穿錯鞋子，就是左腳的鞋子跟右腳不一樣。例如左腳是咖啡色，右腳卻是黑色。

如果是在走向車站的路上發現，還算是運氣不錯。有時已經上了電車，坐在座位上，偶然低頭一看，才發現鞋子穿錯了。像這種時候，我就會很緊張，而且有種難以言喻的尷尬。我會不斷祈禱坐在對面的人不要看我的鞋子，明明穩穩坐在座位上，一顆心卻像吊在半空中一樣七上八下。

但是在我發現自己穿錯鞋子之前，我的心情一直很平靜。我會大剌剌地坐著，做自己的事、看著自己的書。換言之，我內心的不安全來自於我自己的意識。

就算是有著「穿錯了鞋子」這個客觀事實，心情是否緊張也會因自我意識而有所不同。更何況是社交焦慮這種完全不以客觀事實為基礎的心理現象，更是幾乎百分之百取決於自己的自我意識。

把意識集中在自己身上的心理狀態，在心理學上稱為「自我聚焦」（self focus）。自我審視是減少不適當言行的必要行為，但如果自我聚焦太過強烈的話，言行舉止就容易變得不自在。

心理學上已藉由實驗印證自我聚焦會增強社交焦慮。而且實驗也證實了一點，那就是在社交場合中，如果把注意力集中在承受他人目光這一點上，自我聚焦就會受到強化。相反地，如果把注意力放在他人身上，自我聚焦就會受到弱化。

因此把注意力放在他人身上，是相當重要的心態。仔細觀察對方的模樣，認真聆聽對方的發言。如此一來，一定會有「原來他的興趣跟我一樣」、「他跟我有很多地方好像」、「他的感受跟我差好多」、「原來他心裡這樣想」、「原來他有這樣的煩惱」之類的新發現，如此一來就能更加瞭解對方。如果能夠藉由觀察對方的心情，察覺到對方「好像很累」、「好像無精打采」或「好像很開心」，就會更加容易與對方產生心情上的交流。

面對不熟的對象一定會感到不安，但只要加深了理解，就能夠安心相處。如此一來，社交焦慮也會自然而然獲得舒緩。

不僅如此，把注意力放在他人身上，也有助於發現對方跟自己一樣有著社交焦慮的問題，同樣會在意他人目光。像這種時候，就要盡量把心思放在緩解對方的焦慮上。

簡單來說，就是不要只在意自己。應該盡可能與對方的想法產生共鳴，一同致力於解決對方的問題，把心思放在對方身上。擺脫自我中心的心態，將注意力投注在對方本身。這就是緩解社交焦慮的訣竅。

把在意他人視為自己的優點

因社交焦慮太強而在人際關係上變得消極的人，有一個共通的傾向，那就是對於「太過在意他人而把自己搞得神經緊張」的自己抱持負面的評價。因為不喜歡這樣的自己，所以變得很沮喪。

但是這樣的心態一定要改掉。請不要把這樣的行為當作是在浪費精力，而應該慶幸自己是個有能力關心他人的人。

不要思考如何才能不在意他人目光，而是應該思考如何才能讓在意他人目光變成優點。

有些人總是我行我素，完全不關心他人的死活。如果身邊有這樣的人，相信任何人都會感到不舒服，不希望與那種自私的人往來。

相反地，如果身邊有個非常懂得體貼他人的人，每個人都會感到心靈平靜。雖然有時會因對方太過遷就而有些過意不去，但絕對不會產生不好的印象。

想要對「太過在意他人的自己」抱持肯定態度，最好的方法就是記住「自我中心的文化」與「關係的文化」的價值觀差異。

在歐美的「自我中心的文化」中，普遍的價值觀認為每個人都應該依照自己的意志採取行動。受他人影響代表「個人」無法自立，象徵著心智的不成熟。

但是在「關係的文化」中，普遍的價值觀認為每個人都應該顧慮到他人的心情及立場，沒辦法顧及他人才是心智不成熟的象徵。

如果把在意他人視為「受他人影響」，當然會覺得不太好。但如果視為「懂得將心比心」，馬上就變成了一件好事。

懂得將心比心而不任性妄為，是心智成熟的象徵。正因為重視雙方關係，才會如此在意對方。只要能夠這麼想，就能夠把在意他人視為自己的優點，而且也能活用「他人目光」的力量。

世上總有人和你合不來

因過度在意他人目光而感到苦惱的人，大多抱持著希望在任何人面前都維持良好形象的心態。

當然有些人會認為「才沒有那種事。我本來就不是個受歡迎的人，也不曾想要維持良好形象。但還是會在意他人目光，所以才這麼痛苦」。

為了有這種想法的人，或許我們可以換個說法。因過度在意他人目光而感到苦惱的人，大多強烈希望能夠與他人好好相處。正因為如此，才會太過在意，把自己搞得精疲力竭。

如果完全不在意他人怎麼想，就算處不來也不當一回事，那麼打從一開始就不會在意他人，當然也不會覺得與人相處很累。但是像這樣的人，當然無法擁有圓融的人際關係。

此時有一個心態相當重要，那就是不要抱著想跟每個人都處得來的念頭。應該告訴自己，世上總會有人與自己合不來。

每個人都有不同的人格特質、成長環境，以及對事物的想法與觀感。不僅價值觀不同，對事情輕重的判斷也大相逕庭。不管是人生觀還是人性觀，都不會完全一致。既然如此，與某些人合不來也是理所當然的事情。

如果抱著想跟任何人都好好相處的想法，就會導致過度在意而陷入沮喪情緒。必須要接納自己與他人的不同，承認每個人的特質，明白這世上總有些人與自己無法互相理解，才能不過度在意他人目光。越是想要當一個八面玲瓏的人，越容易把自己搞得疲憊不堪。

雖然很想跟所有人好好相處，但如果真的遇上合不來的人，那也沒有辦法。如果能夠這麼想，心情就會輕鬆得多，與人相處也不會像以前那樣苦不堪言。

常有人告訴我，自從有了「總會有合不來的人」的心態之後，他就不再那麼在意他人對自己的觀感，能夠表現出更加真實的自己，好朋友反而變多了。

社群，是時候該斷斷了

想要緩解社交焦慮，還有一個重點，那就是必須自我設定遠離社群的時間。

SNS會大量產生讓人必須在意「他心裡怎麼想」的對象。而且除了在學校的時間外，就連上學的路上、回到家裡，或是其他任何時間、任何地點，都必須持續在意那些 SNS 上的對象。

SNS 上的溝通只能透過文字，接收不到表情及語氣，因此常常會因對方的用字遣詞太過平淡或沒有使用貼圖而感到惴惴不安。對方很可能只是因為正在忙別的事，所以才簡單回應，並沒有任何負面情緒，自己心裡卻會一直有個疙瘩。造成這種現象的理由，就在於 SNS 上的相處完全沒有給人喘息的機會。

因為 SNS 會持續與大量對象維持聯繫狀態，所以一言一行都會產生希望獲得認同的慾望。

不管是朋友的人數，還是按讚數，都是清清楚楚的數字，所以產生了極度重視這些數字的風氣。當心中產生了朋友人數越多越好的價值觀之後，就會拚命結交大量 SNS 上的朋友。

為了增加讚數，會一天到晚公布一些吸引他人目光的訊息。如果讚數變少，還會因此而變得很沮喪。由此可知，一旦置身在 SNS 的環境之中，就會被迫在意多到難以負荷的他人目光。

原本只是想要吸引他人注意的發言，可能流於尖酸刻薄，或者被人發現自己只是在打腫臉充胖子。有很多人會很在意自己在 Instagram 上的形象。為了表現出自己的生活有多麼逍遙自在或幸福美滿，每個人都爭先恐後地公布自己的照片。

有些人看了他人的照片之後，會感到很羨慕，甚至是產生自卑感。但也有些人在看了大量照片之後，學會了發現照片中的不合理處，由此看出對方只是在打腫臉充胖子，不僅不感到羨慕，反而還感到同情。現實生活中不乏「明明沒有戀人卻故意說出一些彷彿有戀人的話」或是「花錢請人假扮朋友或戀人，營造出幸福假象」的案例。

但這種事做多了，只會讓自己更加缺乏自信。越是沒有自信，越容易受到他人目光束縛，如此一來就越會不擇手段想要獲得他人的認同，形成惡性循環。

他人的認同彷彿成了自己身上的枷鎖。為了營造出生活充實的形象，拚了命在SNS上公開照片，每天汲汲營營於讚數及朋友人數。有很多人在厭倦了這樣的生活之後，決定戒掉這種行為，結果反而如釋重負，有種終於找回自我的感覺。

適度在意他人目光確實相當重要，但SNS會讓自己建立起與太多人的聯繫，使自己擺脫不了他人目光的束縛，最後導致心力交瘁。這會讓社交活動變得極為痛苦，社交焦慮的嚴重程度也會大增。為了減輕自身壓力及化解社交焦慮，建議一定要為自己安排遠離SNS、不必承受他人目光的時間。

公開宣布有助於實現理想

極度在意他人目光的性格，有一個相當好的利用方式，那就是對外公開宣布自己的理想或目標。

例如原本告訴自己「要在一個月之內把這本問題集寫完」，但因為不斷有朋友邀自己出去玩，導致進度嚴重落後，最後可能會產生放棄的念頭，告訴自己「進度落後也沒什麼大不了」。

但如果事先把這個目標告訴了雙親，內心就會想像雙親說著：「你不是說一個月之內要寫完嗎？難道你只是說說而已？」當心頭產生這樣的畫面，就會抱定「無論如何一定要實現」的主意，不會輕言放棄。

又例如感覺裙子或褲子的腰際變緊了，心裡想著「糟糕，得減肥才行」，但是一看見美味的蛋糕或餅乾，可能又會無法忍耐。如此一來，可能就會產生「反正只要別吃太多就行」的藉口，逐漸變成每天吃吃喝喝不知節制。

但如果事先向身邊的同伴們說出「我覺得裙頭變緊了，我一定要減肥」的宣言，為了怕被人詢問「你不是說要減肥嗎？」或是「你現在在減肥，怎麼能吃甜食！」之類的問題，在某個程度上就會變得比較能夠忍耐。

除此之外，喬裝自我也是利用他人目光讓自己朝著目標邁進的有效利用法。

以下介紹幾個關於自我呈現（即刻意表現在外的自我形象）的心理學實驗，我們可從中得到一些啟發。

心理學家泰絲（Dianne Tice）利用虛假自我呈現的實驗，證明了自我概念（self-concept，即對自我的理解與認知）會朝著自我呈現的方向產生變化。

在這場實驗裡，主持者首先將受測者分成兩組，一組請他們假裝是情緒安定的人，另一組請他們假裝是情緒敏感的人，接著主持人分別請這兩組人評論自己的性格。結果顯示，曾經假裝情緒安定的受測者，較具有認為自己情緒安定的傾向。

在另一場請兩組受測者分別假裝個性內向與個性外向的實驗中，曾經假裝個性內向的受測者多認為自己的實際個性較內向，曾經假裝個性外向的受測者多認為自己的實際個性較外向。

在「自我中心的文化」內，一般學者大多都認為這樣的實驗結果代表每個人都會為了維持自己的一貫性，而讓自我概念朝著自我呈現的方向變化。

但是對於在「關係的文化」內形成自我意識的人而言，應該視為

「因為在意他人目光，所以會朝著自我呈現的方向改變自己」這種說法比較適當。

例如當某個人想著「別人認為我是個情緒安定的人」的時候，就比較難表現出情緒不安定的一面。同樣的道理，如果想著「大家都覺得我是個外向的人」，就算多少有些勉強自己，也會努力表現出外向的一面。久而久之，就會變成真正情緒安定或外向的人了。

把注意力放在焦慮的正向力量上

我在第四章曾經介紹過心理學家福卡斯的實驗。在那場實驗裡，主持人請受測者前往隔壁的辦公室商借資料夾，結果發現抱持平常心的人比起抱持開朗心情的人，在手法上恭謹而高明一些，抱持負面情緒的人又比抱持平常心的人恭謹而高明一些。

由此可知當處在負面情緒時，心態通常會比較慎重，懂得考量他人的心情，會為了不帶給他人不悅感受而調整自己的用字遣詞，如此一來人際關係當然也會較和諧。相較之下，心情開朗的人由於心中不帶焦慮，往往不會考量他人心情，因而較可能使用失禮的請求方式。

事實上福卡斯等人還進行了另一場實驗，證實了負面情緒能提高個人知覺（person perception，即自己對他人的主觀認知）的正確性。這是一場研究月暈效果（Halo Effect）的影響力是否會因情緒好壞而有所不同的實驗。

所謂的「月暈效果」，指的是當一個人的某些部分被認為是優秀的，這些部分會像月暈一樣形成籠罩整體的光環，讓這個人的整體看起來都是優秀的。

例如當我們看見一個人的服裝氣派華麗，我們會認為這個人的社會地位較高；當我們看見一個人擁有傲人頭銜，我們會認為這個人的能力較強。

在福卡斯等人的這場實驗裡，他們使用了這樣的月暈效果：事先準備好一篇隨筆文章，並附上「作者」的照片。此時分成兩組，一組使用的是身穿居家服的女性照片，一組使用的是身穿羊毛西裝外套、戴著眼鏡，看起來既正式又嚴肅的男性照片。明明隨筆文章的內容完全相同，後者通常會得到較高的評價。

這場實驗的結果，證明抱持正面情緒的人會比抱持負面情緒的人更容易受到月暈效果影響。

抱持正面情緒的人容易受到月暈效果影響，代表這種人容易根據他人的外貌好壞來評斷其能力高低。相較之下，抱持負面情緒的人則會比較謹慎，不容易受月暈效果影響。

由此可知抱持社交焦慮的問題並不全然是件壞事。因為焦慮的關係，所以會比較慎重，不會出現失禮的言行舉止，而且在觀察他人時比較謹慎，因此在人際關係上也較不容易出問題。

接納真正的自己

就算被朋友的無心之語刺傷，也不必感到難過，只要想著「一樣米養百樣人，總是有人比較粗線條，不懂得體恤他人」就行了。同樣的道理，就算朋友說了什麼過分的話，也不必煩惱「自己是不是在什麼地方得罪他了」，只要想著「一定是他剛好心情差」就行了。

只要像這樣保持平常心看待，就不會在人際關係上感到過度焦慮。

反過來說，如果做不到，就很容易陷入社交焦慮的煩惱中。為什麼會做不到？理由就在於無法做到自我接納（self-acceptance）。只要能自我接納，就算朋友出言不遜或態度惡劣，也不會想得太嚴重，如此一來就不容易受到傷害。

或許有些人會認為「話是這麼說沒錯，但我沒什麼朋友，功課差，運動也不行，要怎麼對自己有自信」。但是請注意，所謂的自我接納，指的並不是對自己的能力或性格有自信，更不是要認為自己有多厲害或多完美。

自己是個有優點也有缺點的人，不管是在能力上，還是在為人上，都還有不夠成熟之處。有時會因為力不從心而感到焦躁或沮喪，有時會因為挫折感而痛苦萬分。

但即便如此，自己還是非常努力，抱持著樂觀進取的精神過日子。

所謂的自我接納，指的是認同像這樣的自己。

我曾經針對「對往事的心態」與社交焦慮的關係進行過調查研究。我發現有些人具有「較容易受過去的往事所束縛」、「經常感到後悔」、「想要消除某些往事」、「經常回想起某些往事」、「想起某些往事時會很沮喪」、「想要回到過去」或「想要改變往事」的傾向，而且越是這樣的人，社交焦慮就越強。相反地，「對自己的過去感到滿意」、「喜歡自己的過去」和「擁有快樂回憶」的人，社交焦慮相較之下就比較弱。

換句話說，能夠接納過去的人，社交焦慮較弱，不能接納的人則較強。這意味著若想要克服社交焦慮的問題，就必須放寬心胸，接納自己的過去。抱持著「人生海海」的想法，擺脫對過往回憶的排斥，從束縛中解放，包容所有不順心的往事或時期。

人生不如意事十常八九，沒有人能夠完全順遂，絕對不是只有自己才會遇到不如意的事。絕大多數的人，一定都有著許多回想起來會捶胸頓足的往事。即使如此，自己還是很堅強地活著。只要能這麼想，相信接納自己就不會是件困難的事。

結語
社交焦慮存在每個人心中

「社交焦慮」一詞聽起來像是某種非常嚴重的心理疾病。但讀了本書之後，相信你已經瞭解，這其實只是一種存在於每個人心中的現象。而且你應該也瞭解到，抱持「社交焦慮」並不完全是一件壞事。正因為擁有高度的感受能力，才能夠推測他人的心情來採取行動。

只要是成長於「關係的文化」內的人，必定是生活在人與人的關係之中，無法成為與他人完全切割的個體。正因為如此，才會在意他人目光，以及關心他人想法。

社交焦慮正是在這樣的心理狀態中萌生的心理現象。社交焦慮太薄弱的人，由於不會考量他人的立場或心情，所以常常會口無遮攔，導致傷害了他人，或是讓身旁的人捏一把冷汗。就這層意義而言，我們能夠擁有圓滑的人際關係，社交焦慮實在是功不可沒。

話雖如此，但如果長時間處於社交焦慮的狀態下，畢竟精神無法負荷，很可能導致在人際關係上變得消極。任何事情都是過猶不及，維持適當程度才是最大的關鍵。

讀完了本書，不知你是否對人際關係造成的精神疲勞有了更多的想法？我自己也是個長年有著社交焦慮困擾的人。我很注重人際關係，曾經有段時期很希望自己能夠以更加輕鬆的心態與他人往來。但每當我看見那些我行我素、毫不在意他人感受的人，我就會慶幸自己並不是那樣的人。在你摸索如何與心中的社交焦慮和平相處的過程中，我很希望本書能帶給你一些幫助。

最後，我想感謝筑摩書房的北村善洋先生，以及田中大事務所的田中大次郎先生。謝謝你們給了我執筆的機會。

二〇一七年十二月十二日

榎本博明

國家圖書館出版品預行編目資料

社交焦慮：與朋友相處不心累的 46 個自在練習
/ 榎本博明作；李彥樺譯 . -- 初版 . -- 臺北市：
三采文化 , 2020.11
面；　公分 . -- (Mind Map；216)
ISBN 978-957-658-432-9(平裝)

1. 人際關係 2. 生活指導 3. 成功法

177.32　　109014711

suncolor 三采文化集團

Mind Map 216

社交焦慮

與朋友相處不心累的 46 個自在練習

作者｜榎本博明　譯者｜李彥樺
日文編輯｜李媁婷　美術主編｜藍秀婷　封面設計｜池婉珊　版權經理｜劉契妙
內頁排版｜陳佩君　校對｜黃薇霓

發行人｜張輝明　總編輯｜曾雅青　發行所｜三采文化股份有限公司
地址｜台北市內湖區瑞光路 513 巷 33 號 8 樓
傳訊｜TEL:8797-1234　FAX:8797-1688　網址｜www.suncolor.com.tw
郵政劃撥｜帳號：14319060　戶名：三采文化股份有限公司
本版發行｜2020 年 11 月 6 日　定價｜NT$350

"TAIJIN FUAN" TTE NANDARO
Copyright © 2018 Hiroaki Enomoto
Chinese translation rights in complex characters arranged with CHIKUMASHOBO LTD.
through Japan UNI Agency, Inc., Tokyo

著作權所有，本圖文非經同意不得轉載。如發現書頁有裝訂錯誤或污損事情，請寄至本公司調換。All rights reserved.
本書所刊載之商品文字或圖片僅為說明輔助之用，非做為商標之使用，原商品商標之智慧財產權為原權利人所有。

suncolor

suncolor